『和创造世界名牌的人一起放飞梦想』

◇ **耐克的激情与梦想**

naike de jiqing yu mengxiang

◇ 代安荣　胡丽敏 ◆编著

吉林出版集团有限责任公司

图书在版编目（CIP）数据

耐克的激情与梦想/代安荣，胡丽敏编著.--长春:吉林出版集团有限
责任公司，2014.8

（和创造世界名牌的人一起放飞梦想）

ISBN 978-7-5534-4065-1

Ⅰ.①耐…　Ⅱ.①代…②胡…　Ⅲ.①奈特，P.—生平事迹—青少年读物
Ⅳ.①K837.125.38-49

中国版本图书馆CIP数据核字（2014）第160221号

耐克的激情与梦想
NAIKE DE JIQING YU MENGXIANG

编　　著：	代安荣　胡丽敏	
项目负责：	陈　曲	
责任编辑：	陈　曲	
出　　版：	吉林出版集团股份有限公司	
发　　行：	吉林出版集团社科图书有限公司	
电　　话：	0431-81629727	
印　　刷：	北京一鑫印务有限责任公司	
开　　本：	710mm×960mm　1/16	
字　　数：	100千字	
印　　张：	12	
版　　次：	2014年9月第1版	
印　　次：	2019年7月第2次印刷	
书　　号：	ISBN 978-7-5534-4065-1	
定　　价：	23.80元	

如发现印装质量问题，影响阅读，请与出版方联系调换。0431-81629727

序 言
PREFACE

梦想与生命共存　传奇与我们同在

当你拥有这套《和创造世界名牌的人一起放飞梦想》系列丛书并真正读懂它的时候，祝贺你，你已经向成功又迈进了一大步，并可以为自己的人生勾画一张蓝图了。

开卷有益，我们不是猎奇，不是对世界名人和超级品牌的奇闻轶事简单地一声惊叹，而且通过阅读，让我们的视野变得更加开阔，让我们能够更好地认识这个世界，并找到适合自己的成功之路。

这是一套全方位满足你阅读愿望的好书，文字鲜活，引人入胜。这里有商界巨鳄的传奇创业故事，也有他们普通如你我的日常生活，当你随着一行行文字重走他们的人生之路时，你的心一定会在波澜起伏中感到一种快意。或许他们的成功不能复制，但是他们的坚忍、执着、宽容——这些成功的要素，我们可以复制。

通过阅读名人的成长故事，重温名人的创业之路，我们会发现，健全的人格、自由的意志、高远的理想、敢于实践的勇气、高瞻远瞩的见地、坚毅勇敢的性格、理性处世的原则、独立思考的习惯、幽默风趣的表达方式……一个人成功的诸多要素都以具体而形象的方式展现在你的面前。

每个人都有自己的生活轨迹，然而成功之路殊途同归，这一路上你的行囊里必须要装入梦想、希望、宽容和坚忍。

请给自己一个梦想吧！梦想是成功的种子，梦想是希望的支点。从这套书中你会发现，每一个了不起的品牌里都承载了品牌创始人那激越的梦想。是梦想，让他们充满激情，斗志昂扬；是梦想，在困境中带给他们希望，让他们有了坚持下去的勇气；是梦想，激励他们不断向前进！

为梦想不懈地努力吧！从这套书中你会明白，任何人的成功都不会一帆风顺，在鲜花和掌声的背后，有太多不为人知的痛苦。那些创业中的失败、徘徊和挫折，对我们来说更具有启迪的价值。真正的勇敢者，并不是无所畏惧，而是在面对挫折的时候，能及时调整自己，正视艰难困苦，不放弃希望。所谓成功，不过是努力的另一个名字罢了。

伟大的戏剧家莎士比亚曾说："一个最困苦、最卑贱、最为命运所屈辱的人，只要还抱有希望，便无所怨惧。"

生命只有一次，让我们在阅读中汲取无穷的力量吧！《和创造世界名牌的人一起放飞梦想》系列丛书会带你走进一个传奇世界，仔细阅读并把你的梦想付诸实践，你也许会成为下一个传奇。

带上我们的梦想启程，为我们璀璨夺目的人生而奋斗！

目录 Content

前 言

Introduction

1993年，美国著名的《体育新闻》杂志举办了一次评选——"哪家企业是运动行业中的最强者"，获奖的是耐克公司的联合创始人奈特，这是奈特获得的数不清的荣誉中的一个。这位特立独行的董事长在几十年的时间里，连连创造出运动行业的奇迹，他使得耐克品牌从一个默默无闻的作坊式小品牌，变成了世界上最成功的运动品牌之一。

耐克品牌生逢"乱世"，当它走向崛起的时候，运动行业早已经"狼烟四起"。阿迪达斯、茵宝、锐步、彪马等知名品牌早已有了稳定的市场份额，耐克同这些成熟的大企业竞争无异于"虎口夺食"，但是耐克公司仍凭借自己独特的企业文化创造了一个商业神话。如今，耐克在世界范围内的营业额已经达到了几百亿美元。很多青少年以拥有一双耐克鞋为荣，而耐克品牌也被誉为"世界最成功的消费品牌之一"。

奈特对耐克公司文化的总结是："我们并不仅仅是一个出售运动鞋的公司，我们输出的是一种文化观念。"正是这个伟大的企业经营理念打破了传统运动行业的观念，使得耐克公司抢占了运动市场的制高点。

耐克公司出发的第一站就是培育市场观念。耐克公司的调研部门发现，青少年是运动行业消费的主力军，这个年龄段的消费者的心理是渴望速度和激情、喜欢追星，他们追逐流行风潮而且想象力极为丰富；他们充满青春和活力，对新事物怀有巨大的好奇心，对新产品的运动性能更为注重。

针对青少年的这种心理，耐克公司先是采取了明星偶像路线，使青少年提高对耐克品牌的认同度，并提高他们对耐克产品的黏着度，或者说忠诚度。耐克公司先后聘请了多位世界知名的体育明星作为产品代言人，如"篮球之王"乔丹、"篮坛坏小子"巴克利、"网球王子"阿加西、"足球巨星"坎通纳等。这些代言人性格迥异，但是他们都有一个共同点，每一个人都是佼佼者，代表着其所在领域的最高水平，是最引人注目的一个。追星是少年的共性，明星们很快成为耐克公司与青少年之间沟通的纽带与桥梁。

耐克的一则经典广告很有代表性：卡通兔子本尼正在沉睡，忽然从自己头顶的地面上传来了嘈杂的声音，于是本尼爬出来看个究竟，原来是四个人在玩篮球，于是本尼开始大声抱怨，而它自己也很快成为对方戏要的对象。本尼被当作篮球一样抛来抛去，这时它高声喊叫，请求支援。"篮球之王"乔丹忽然出现，他是来帮助自己的卡通朋友本尼的，于是，一场惊心动魄的篮球比赛开始了。观众们都被曲折生动的故事所吸引，根本不会想到这是一个预先设计好的广告，他们随着"飞人"乔丹和兔子本尼的脚步充分体会到体育的魅力。

耐克在不知不觉间就把自己与运动联系在一起，运动精神自然也成了耐克的标签。世界上最讲究国家主义精神的是运动，而最没有国界的也是运动，因为运动与生命、进取、超越紧紧相连，耐克找到了人们心理的支点。

耐克公司文化输出的另一个特点，是强调用户的参与性。奈特说："虽然耐克公司是一个广告大户，但是坦率地说，我并不相信广告有什么神奇之处，我更愿意相信用户参与的作用。"

耐克公司为了吸引更多的消费者，抓住了网络时代的特点，设计了一款篮球游戏，在游戏里，玩家可以和"飞人"乔丹玩斗牛游戏。青少年的心理特点是强调自我的意识与个性，而且特别喜欢角色化代入，总是将自己想象成游戏的主角。乔丹是篮球场上当仁不让的王者，而耐克运动鞋是乔丹的最爱，于是大众的心中自然地得出一个结论：耐克运动鞋是青少年偶像的运动装备。让大众在潜移默化中，接受了耐克品牌的名人效应。

耐克公司的广告总监克瑞斯·瑞勒说："我们的产品是有生命力的，只要消费者有梦想，我们就帮助他实现；即使他们没有梦想，我们也能为他们提供一个梦想。"

时至今日，耐克公司这个号称"没有工厂车间"的运动企业，在短短的几十年发展历程中，从小作坊到大企业，从鲜有问津到誉满世界。这一切都要归功于他们的独特理念：文化就是生产力。

　　每一个奇迹的背后都有一种先进的理念做指导，耐克公司的成功为你展示的正是这种模式。

　　想要距成功更近一步，那么，更新你的观念吧！

NIKE

第一章　创业时间——拒绝
　　　　　平庸的力量

NIKE

第一节　改变一生的一堂课

> 理想是指路明灯。没有理想，就没有坚定的方向；没有方向，就没有生活。
>
> ——列夫·托尔斯泰

1959年，21岁的菲尔·奈特从俄勒冈大学毕业，获得工商行政管理学士学位。从俄勒冈大学毕业后，菲尔·奈特先是参军一年，然后又脱下戎装，重新回到课堂，考入了斯坦福大学商学院研究生院，进行MBA课程的深造。再度成为学生，使菲尔·奈特对人生有了期待，虽然他没有找到明确的目标，但这次斯坦福大学的求学经历彻底改变了菲尔·奈特的人生，也彻底改变了世界运动产品领域的格局。

在斯坦福大学，菲尔·奈特是一个毫不起眼的学生，他衣着随便，经常逃课。不过他对商业策划课十分感兴趣，从来不逃课，还在笔记本上密密麻麻地记录老师的讲义和自己的心得。菲尔·奈特惊讶地发现，或许自己来斯坦福大学，就是为了听这个神奇的课程。在这个小小的课堂上，菲尔·奈特人生中第一次对奔跑之外的事情产生了浓厚的兴趣。

一次，在课堂上老师布置了一个作业，要求大家设想将来是一名创业者，要开设一间小公司，请大家模拟公司总裁，写一份关于公司的经营目标和长远规划的材料。

菲尔·奈特一下子来了兴趣，他从图书馆里借阅了大量的书籍，正襟危坐，严肃地钻研起了学问。很多同学不理解菲尔·奈特的做法，因为在他们眼里，菲尔·奈特就是个不折不扣桀骜不驯的坏小子，不可能有什么作为，而且这样的研究枯燥无味，试想当一个公司的总裁？这不仅对菲尔·奈特，就算是对他们任何一个人来说都是一件很遥远的事情。

"哎，奈特，拿出你平时的劲头，咱们抄一份就行了，何必那么认真呢？"有人和菲尔·奈特开玩笑说。

"人生中，最怕的就是永远不认真，要知道，像我这样平时不认真的人，认真起来也是能有些收获的。"没想到，菲尔·奈特一脸严肃地回答了他们的调侃。

菲尔·奈特不理睬同学们的嘲笑，继续自己的研究。经过三天的整理，他终于拟定了课题的题目：日本运动鞋能否挑战德系运动鞋，正如日本相机对德系相机的挑战那样。

在这篇文章里，奈特旁征博引，给出了自己的判断。他列举了日本运动鞋生产的优势，比如廉价的劳动力资源、严谨的设计流程，还有比较重要的一点——日本人崇尚创新的精神。由此，奈特对德国运动鞋的霸主地位产生了怀疑，文章的结尾，菲尔·奈特充满信心地指出，未来的市场一定会有一个企业站出来打败如日中天的德国运动鞋。

菲尔·奈特惊讶地发现，随着自己人生中第一篇像模像样的论文写作完毕，自己的人生规划也渐渐清晰起来，自己已经不再是那个只知道奔跑的毛头小子了，他变成了一个目标明确又野心勃勃的创业者。

"正是那堂课，影响了我的一生，在写完论文的一瞬间，我有了今后的生活目标，我拍着自己的胸口说：'看，这就是我想要的生活。'"菲尔·奈特后来满怀深情地回忆说。也就是从那一刻起，奈特的心中逐渐有了未来的耐克公司的影子，这个影子虽然只是一个模糊的影像，不过，创业的激情好像是一颗种子，在奈特的心中悄悄地生根发芽了。

1962年，24岁的菲尔·奈特在斯坦福大学商学院研究生院毕业，获得了工商管理硕士学位。

完成学业之后，菲尔·奈特开始了自己的东方寻觅之旅，他来到了心中的圣地——日本，在那里的游历，成为他一生难忘的经历。菲尔·奈特彻底被神秘的东方文化和礼仪所征服，直到今天，菲尔·奈特还遵循着在日本学到的礼仪规矩。如果有人来到菲尔·奈特那间日式风格的办公室，一定要先脱鞋才能进屋，在屋里，菲尔·奈特总要向客人介绍自己的东方文化艺术收藏品，临别之际，菲尔·奈特还会双手作揖，和客人作别。

也正是在毕业的那年，菲尔·奈特创建了蓝带体育用品公司，它就是大名鼎鼎的耐克公司的前身。经过几十年的发展，当年这个以1000美元起家的公司，已经发展成为价值几百亿美元的著名运动品牌公司，创始人菲尔·奈特也从穷小子变成了身家百亿美元、世界著名的富翁。

菲尔·奈特创业成功之后，他对自己的大学生涯念念不忘，因为在他看来，正是美妙的大学经历让他成为后来的风云人物。成功之后，菲尔·奈特经常向自己的母校捐款，其中最大的一笔捐款高达一亿美元，这也是斯坦福大学接受过的最大一笔捐款。

斯坦福大学也为拥有这样一个校友感到无比自豪，他们将菲尔·奈特的捐款用于新校园的建设，并成立了教师发展基金。因此新建的校园被命名为奈特商业管理中心。菲尔·奈特在捐款声明中说："在斯坦福大学商学院研究生院的生活，影响了我的一生，如果说金钱能代表我的心意的话，我想为我的母校做一点事情。因为，这是我梦想开始的地方。"

不过，菲尔·奈特并不想这次捐赠成为一次广告营销，他甚至要求在新校园中不要出现耐克公司的标识。

"我想，没有必要在斯坦福大学的校园里刻上一个对号了，因为这次捐赠并不是耐克公司的行为，而是我本人的一点心意。"菲尔·奈特这样说，他的表情就像当年回答自己的同学"人总要有认真的时候"那样严肃。

菲尔·奈特是一个知恩图报的人，他总是怀着一颗感恩的心默默地向培养过自己的学校捐款，除了斯坦福大学，还有他曾经挥洒过汗水的俄勒冈大学。不过菲尔·奈特总是低调地告诉受捐赠方，不要透露他的捐赠信息，因为在他看来，自己今天拥有的一切正是伟大的大学给予他的，自己今天做的，不过是再平常不过的事情罢了。

人生中，有许许多多的第一次，回首往事，我们会惊讶地发现，我们大多数的第一次都发生在校园里，或许你现在没有意识到集中时间求学的机会有多珍贵，但当我们蓦然领悟的一瞬间，就会发现，我们在校园里虔诚地求学，才是我们迈向人生之旅的坚实的第一步。

第二节　"被拒绝"的力量

> 不存在没有热情的智能，也不存在没有智能的热情。如果没有勤奋，也不存在热情与才能的结合。
>
> ——约瑟夫

有时候不仅好马需要伯乐，伯乐也需要伯乐，只有在不断"被拒绝"后，仍坚持自己的信念向前进的人，才能走出一条宽广的通天大路。

如果说一个士兵最想做的是将军，那么一名教练最大的梦想就是训练出世界冠军。作为俄勒冈州立大学的田径教练，比尔·鲍尔曼对于田径运动的比赛和训练颇有心得，他的愿望就是培养出世界一流的运动员。可是当了多年教练以后，比尔·鲍尔曼发现自己的愿望难以实现，其中一个阻碍是很少有有运动天赋的苗子，另一个阻碍竟然是自己的学员缺少合脚的运动鞋！

在训练中，最让比尔·鲍尔曼头痛的不是学员不刻苦，也不是学员不能领悟他的训练方法，而是他的学员经常因为脚部问题无法正常训练。如果一名田径运动员的脚总是疼痛，那么他就不可能取得好成绩了。比尔·鲍尔曼意识到治好学员们的伤痛只是治标，只有设计出合脚的运动鞋，避免学员再次受伤才是根本，所以他开始研究起运动鞋来。

比尔·鲍尔曼想到，一双好的运动鞋不仅要轻便舒适，而且鞋的底部需要对人的身体有良好的支撑作用，运动鞋绝不是简单地把脚包裹起来就行。

只有行动才能把想象变成现实，否则再好再奇特的想法都只是空想。比尔·鲍尔曼开始兼职当了一名没有工资的运动鞋设计师。他觉得自己的经验加上自己设计出来的鞋，与一个优秀运动员结合必定能创造出好成绩。

"我们不需要你设计的鞋，就像我们也不想教你怎样当教练一样！"当比尔·鲍尔曼试着到几家制鞋公司展示自己设计的鞋样时，他都吃了闭门羹。

"被拒绝"已经成了家常便饭，但是比尔·鲍尔曼却没有停下自己的计划，他走得更远——他要自己制造出"好"的运动鞋。

虽然比尔·鲍尔曼不是鞋匠，但是他懂得什么样的鞋最适合运动员，他所缺的就是如何把图纸变成实物。

比尔·鲍尔曼去街边观察补鞋匠如何工作，去制鞋厂和工人聊天，与他们交朋友，虚心地向他们求教，从一针一线学起，终于把运动鞋的各个部分都组织在一起。当然，这个实验过程中不免有失败出现，毕竟比尔·鲍尔曼只是一个刚刚接触鞋子制造工艺的门外汉。当鞋底和鞋面缝合在一起以后，并不能达到先前设计的要求，可是，倔强的比尔·鲍尔曼不肯放弃。此时的他就像赛场上的一名田径运动员，虽然看到已经有人跑到了终点，但是他不能止步，哪怕是最后一名，他也要跑到终点。他坚信只要自己不放弃，总有一天，那个撞线的人就是他。

天行健，君子以自强不息，顽强的人注定比别人收获得多。比尔·鲍尔曼终于做出了自己的第一双鞋。这是一双跟"美观"两个字一点关系都没有的鞋，可是敝帚自珍，比尔·鲍尔曼非常珍惜它，觉得自己终于拥有了一双适合运动员穿着的鞋。

他兴高采烈地把鞋拿给自己的运动员，让运动员体验一下真正为他们的脚"量身定做"的运动鞋。当比尔·鲍尔曼的运动员走进赛场的时候，很多人看着他们的脚，都发出了哄笑，因为这些有着蹩脚针脚的鞋子实在是太丑了，而且大家也不明白这样难看的运动鞋对提高成绩有什么功效。但是，在比赛结束的时候，他们有些明白了——这一次比赛，比尔·鲍尔曼的运动员的成绩比以往任何一次都要好。有事实做依据，比

尔·鲍尔曼更加坚定了自己的信念，一定要设计更好的运动鞋给运动员，他认为这是一个教练员应尽的义务。

比尔·鲍尔曼再接再厉，他不断改进自己的运动鞋，后来与自己曾经的学生菲尔·奈特合作开了一间公司，几经蜕变，成为现在举世闻名的"耐克"公司。时至今日，拥有一双时尚的耐克鞋仍是一件荣耀的事情，但在耐克刚刚起步的时候，耐克鞋却鲜有人问津，花钱都很难买到别人的认可，最让比尔·鲍尔曼难忘的就是多年前那漫长的一分钟。

本来，比尔·鲍尔曼已经习惯了被人拒绝，但是那次经历却让他终生难忘。

1976年的夏季奥运会在加拿大的蒙特利尔市举办，当时比尔·鲍尔曼与菲尔·奈特已经联手打造了耐克品牌，虽然他们的耐克鞋还不能与当时的运动鞋霸主阿迪达斯一争高下，但是他们仍希望自己的鞋能有出头之日，而在世界上最重要的运动赛事——奥林匹克运动会上扬威当然是最好的方式。更何况，蒙特利尔市距离美国不远，正是一次在家门口亮相的绝佳机会。

比尔·鲍尔曼和菲尔·奈特派出了9名推销员，这个阵容有点寒酸。要知道，体育品牌的霸主阿迪达斯公司派出了蔚为壮观的300人的营销队伍，作为行业的后起之秀，虽然人数不多，但是耐克公司也对营销工作有自己的期望。

耐克公司虽然名不见经传，但是他们的营销队伍还是有一种超乎常人的毅力，他们终于说服了一个马拉松种子选手穿上耐克鞋，如果这位选手以第一名的成绩跑到终点，耐克这一新品牌自然就会引起世人的广泛关注。鲍尔曼和奈特都认为这是个好兆头，至少，耐克公司找到了奥运营销的突破口。他们在焦急地等待着比赛的开始。

可是就在比赛前一分钟，情况发生了戏剧性的变化，那位马拉松运动员脱下了耐克鞋，换上了一款其他公司生产的运动鞋，或许是商业利益的因素，也或许是他认为穿上别的公司的产品更有把握获得好成绩。这一行为大大伤害了比尔·鲍尔曼和菲尔·奈特，他们兴奋的心情一落千丈。本来两个人约好看直播的，但是谁也提不起兴趣。

那是一个漫长的夜晚，菲尔·奈特关闭了电视机，没有开灯，在黑暗中静默地坐了一夜。他怎么也想不出自己的公司怎么才会有出头之日。而比尔·鲍尔曼则病倒了，很多天以后才恢复健康。

在奥运会上，耐克被那名运动员在最后一刻拒绝，真称得上是耐克公司的"奇耻大辱"。比尔·鲍尔曼不能接受这样的命运，身体恢复了以后，他开始重新规划公司的发展，并决心励精图治、卧薪尝胆。

比尔·鲍尔曼了解到，在这届奥运会上，阿迪达斯公司风光无限。财大气粗的阿迪达斯公司争取到了一批金牌热门选手穿上它们的产品，据说阿迪达斯公司这一次的投入就在600万美元以上。

显然，和阿迪达斯的重金策略相比，耐克公司不足10万美元的经费实在过于寒酸，这也可以解释为什么耐克公司会兵败蒙特利尔。从阿迪达斯公司的成功经验中，鲍尔曼和奈特都意识到，两个公司之间的差距并不仅仅是590万美元，而是从产品设计到包装，再到营销全方位的差距。痛定思痛，鲍尔曼决定开始绝地反击。

为了让每个人都发挥最大的潜能，比尔·鲍尔曼对公司的工作进行了重新规划，他首先分析了团队的优势和劣势，发现自己最擅长的领域还是产品的设计与生产，而菲尔·奈特更擅长产品的推广和营销。所以，他开始和奈特做出了明确的分工。新的耐克公司好像安上了马车的两个轮子，开始了艰辛的创业之旅。

同时，比尔·鲍尔曼还为公司的发展制订了长远的目标，他经过调研发现，运动市场的竞争极为激烈，如果不能实现产品的差异化营销，很难杀出重围，而这一切的关键又在于以一个什么样的企业文化，来引导公司的进一步发展。于是，鲍尔曼制订了被奉为耐克公司文化金科玉律的宗旨：一切为了运动员服务，一切为了用户的体验服务。

鲍尔曼说："我们不要做市场唯利是图的商人，而要做引领文化风潮的思想者。"

明确了个人的分工以后，耐克公司的员工各尽其职，鲍尔曼逐渐退到幕后，潜心研究更新、更好的运动鞋。他是一个真正热爱运动事业的教练和运动鞋设计师，他对运动员的反馈和顾客的建议总是非常虚心接受，尤其是对那些牢骚与不满，他更是以积极的心态去面对，在比尔·鲍尔曼看来，那些牢骚和抱怨就是设计的新起点，因为只有亲身体验过耐克鞋的人，才对产品更有发言权，他们也是真正需要好鞋的人。争取在新的设计中减去每一分不满，耐克公司才会获得巨大的成功。

比尔·鲍尔曼设计的每一款鞋都经过无数次的修改，运动员们也坦陈他们试穿后的想法，给他们的设计师很多中肯的意见。显然，鲍尔曼践行了自己的诺言，做一个思想者，而不是商人，他设计的运动鞋，已经成为耐克公司无法替代的传奇。

与此同时，针对不同运动项目而设计的运动鞋相继登场，跑步、跳远、跳高、足球、篮球、排球、滑雪、自行车等各项运动的专用鞋，都可以在耐克门店一站购齐。

几年以后，"耐克"终于在运动品牌中树立起了良好的形象，它的代言人也越来越多，被拒绝的现象也越来越少了。比尔·鲍尔曼引领着耐克公司，带着他的理念和信心，终于成为行业的领跑者。

人们都说，如果没有比尔·鲍尔曼这样热爱运动事业，并且在不断地被拒绝中自我反思、自我超越的思想者，耐克公司就不会有今天的辉煌。

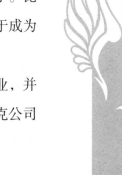

第三节　1000美元的起点

> 这个世界并不在乎你的自尊，只在乎你
> 做出来的成绩，然后再去强调你的感受。
>
> ——比尔·盖茨

作为最有价值的运动品牌，今天耐克公司的营业额以亿为单位来计算，可是有谁能想到，当初耐克起家的时候，公司创办者所有的钱加起来不过1000美元。

菲尔·奈特在大学课堂上写出的作业给了他启示，让他认真思考了自己的未来，他觉得自己最感兴趣的事情就是运动和运动产业，作为一名不错的中长跑运动员，他自然而然地想到了脚上的鞋。他知道自己的教练比尔·鲍尔曼正在研发运动鞋，他对教练的设计能力深信不疑，对自己的商业判断也毫不怀疑。于是他找到了教练，表明了自己的想法。

比尔·鲍尔曼非常了解菲尔·奈特，他觉得这个读过工商管理专业的学生聪慧过人，更何况自己也在训练的过程中，认识到了运动员能拥有一双合脚的运动鞋，对提高运动成绩意味着什么。

一开始，两个人的想法是找到一些鞋类加工厂，自己提供设计图纸，让这些工厂代为加工。不过，两个人跑了很多家工厂，也没有一家愿意提供这样的服务。原因很简单，一个是刚毕业的毛头小子，一个是只有理论经验的田径教练，没有谁会相信这两个人会有什么天才的设计。所以，两个人吃了很多次闭门羹。

"看来，没有人相信我们的实力，要不我们自己开一家公司吧，自己设计，自己生产。"菲尔·奈特对比尔·鲍尔曼说。

"是啊，我们都快走断了腿，但是仍然没有出路，我们只好自己做了。"屡屡被拒绝的比尔·鲍尔曼和奈特达成了一致的意见。

世界上的事情就是这样，只要认准了一条道路，只管前行就是了，尝试了也许不能成功，但是如果不去勇敢地尝试，就一定是失败的结局。两个人各自凑了500美元，注册了一家体育用品公司，起名为"蓝带体育用品公司"。

在撰写硕士毕业论文期间，菲尔·奈特对运动商品市场进行了深入细致的调查。奈特发现：虽然阿迪达斯品牌在运动界一家独大，但是价格低廉、质量上乘、推销方式多样的日本运动鞋也很受欢迎，而且还有打破阿迪达斯垄断局面的趋势。

于是，菲尔·奈特放弃了在本土制造运动鞋的念头，日本制鞋商人鬼冢虎进入了菲尔·奈特的视野，当菲尔·奈特提出与鬼冢公司合作的计划后，鬼冢虎毫不犹豫地答应了，精明的他仿佛已经看见了大洋彼岸的遍地黄金。如果奈特成功了，对自己公司的发展有好处，即使失败了，也不过失去一个销售市场而已。无论怎样，都是一笔只赚不赔的买卖。

尽管合同中规定，鬼冢公司的收益要更多些，但是奈特毫不介意，因为自己的公司不过是个小公司，根本没有话语权与选择权。

因为资金有限，奈特租用的是位于垃圾站旁边的一间小店面，这里既是办公室也是产品库房。为了节省资金，他们甚至将废品收购站里买来的废料清洗干净，作为产品的包装。鲍尔曼和奈特齐心协力，甚至吃住在店铺里，一切都是为了能让公司走上正轨。

1963年12月，蓝带体育用品公司收到了第一批从日本运来的产品。一年过后，蓝带体育用品公司的销售量已经超过了1300双，营业额也达到了8000美元，这是菲尔·奈特和比尔·鲍尔曼最初投入资金的8倍。虽然在那些大商人眼里8000美元这个数字不算什么，但是对于初涉商海的两个运动员而言，取得这个成绩他们已经很开心了。

菲尔·奈特学以致用，他那个斯坦福大学的工商管理硕士学位可不是虚名，他知道好产品也同样需要好的销售人员。天才销售员杰尔夫·约翰逊被聘到蓝带体育用品公司，他没有辜负菲尔·奈特的期望，公司的营业额很快大幅度提升，比尔·鲍尔曼设计的产品影响逐步扩大，蓝带体育用品公司的声名日渐远播。

菲尔·奈特认为网撒得大捕的鱼也会多些，所以蓝带体育用品公司在美国各地设立了分店。比尔·鲍尔曼不断地推出新产品，轻便的尼龙面料的跑鞋大大减轻了跑步者的"负担"，采用减震材料制造的"波士顿"型跑鞋、"马拉松"鞋纷纷跑进了人们的生活。几年之后，蓝带体育用品公司的营业额达到了30万美元。

但是好景不长，蓝带体育用品公司的合作伙伴鬼冢虎给菲尔·奈特制造了大麻烦。

看到蓝带体育用品公司的效益一路飙升，鬼冢虎非常艳羡，他觉得自己的产品是独一无二的设计，而菲尔·奈特和比尔·鲍尔曼仅仅是销售者，就获得了丰厚的利润，这让他的心理十分不平衡。鬼冢虎不断地提出一些苛刻的条件，还把一等品留在国内销售，而将一些残次品发往美国。

尽管如此，奈特仍然一再忍让，因为核心技术掌握在别人的手里，自己只好受制于人。不料鬼冢虎得寸进尺，提出了更为非分的要求："如果想继续获得我们的产品，那么你们必须答应一个条件，我们想购买你们公司51%的股份，还要在公司董事会占有两个名额，如果答应我们的要求，还可以考虑继续合作。"

鬼冢虎派出的五人代表团和奈特展开了艰苦的谈判，一开始就给了奈特当头一棒。他们以为奈特会为了公司的收益而答应这个无理要求。

菲尔·奈特和比尔·鲍尔曼对视了一眼，他们早已受够了对方的一再要挟，两个默契的老朋友都从对方的眼神中发现了

一种信念：决不能让对方得逞。

"您的要求我们很难满足，再说，保持现状不是更好的选择吗？合作会获得双赢。"菲尔·奈特微笑着摇头说道。

"好吧，看来你们是拒绝了我们，那么以后也别想拿到我们的货。"他们决绝地说。这时骄傲的日本人根本没有意识到，自己面前的对手是一个伟大的营销专家。

贪婪是最可怕的敌人，鬼冢虎因为过于贪心，终于失去了旭日朝阳一般的合作伙伴，现在，他们连原来的利益都保不住了。

有实力当然有魅力，比尔·鲍尔曼和菲尔·奈特已经不是当初默默无闻的"外行"设计师了，他们有了自己固定的消费群体，而且这支队伍还有日渐扩大的趋势，他们再也不愁没有合作伙伴了。蓝带体育用品公司果断地结束了与鬼冢虎的合约，他们很快就有了新的合伙人。

有了新的合作伙伴和新的目标，比尔·鲍尔曼和菲尔·奈特信心百倍地前进，在出发之前，他们集思广益，为自己的运动鞋起了一个更响亮的名字——耐克。从此，运动品牌里出现了一匹黑骏马，它一骑绝尘，把对手们纷纷抛在身后，其中包括曾经不可一世的阿迪达斯。

今天的你能想到耐克的起点不过1000美元吗？

第四节　没有市场，就创造一个

> 我们所有的工厂和设施可能明天会被全部烧光，但是你永远无法动摇公司的品牌价值；所有这些实际上来源于我们品牌特许的良好商誉和公司内的集体智慧。
>
> ——罗伯托·郭思达

在俄勒冈大学读书的时候，菲尔·奈特就是一个马拉松好手，这种特殊的身份让他在体育界里有着广泛的人脉。凭借着运动员时期的经历，他把自身的体验与自己的产品结合起来，他先后和当时美国的体育明星多次交流，竟然成功地说服了他们不收任何代言费而穿着耐克鞋征战世界赛场。

在被菲尔·奈特说服的名单上，有著名的长跑运动员史蒂夫、马拉松冠军安德森、网球高手唐纳斯等。耐克制造的运动鞋随着这些知名运动员的双脚走遍了世界各地，与之相应地，耐克这个初出茅庐的运动鞋成功地打进了西欧、大洋洲和南美洲市场。

1977年，耐克公司的前身蓝带体育用品公司制订了一个新的营销计划，他们专门成立了一个机构，目的是寻找并资助美国有潜力的田径运动员，为他们创造佳绩提供后勤保障和支持。这是一个成功的方案，每个时代都需要英雄，每个普通人都有明星梦，名人的示范效应因为平凡人的不平凡的梦想而不断扩大，耐克运动鞋的知名度自然大幅度提高，更多的运动员加入了耐克大家族，比如世界纪录保持者亨利·罗诺、网球坏小子麦肯罗等。

随着耐克品牌在市场上的影响不断扩大，菲尔·奈特和比尔·鲍尔曼发现，这种品牌效应成了一种幸福的烦恼，因为运动鞋的生产呈现几何式的增长，但是赛场上运动员的更新极为缓慢，耐克公司正面临一个窘境：好的产品并没有更多的消费者来买单。

面临这样供大于求的境况，菲尔·奈特有些沮丧。公司的一路闯荡，在已有的大品牌夹缝中求生存，眼看就要走上正轨，却不得不面对着收缩经营的问题。患难见真情，在这个进退两难的时候，比尔·鲍尔曼走到菲尔·奈特近前，拍了拍他的肩膀，示意菲尔·奈特不要烦恼，因为办法总比问题多。比尔·鲍尔曼不仅是一名设计天才，在营销方面也有自己独到的见解，他望着愁眉不展的菲尔·奈特说：

"毕竟我们打开了销路。现在问题的核心是产品卖给谁的问题，俗话说天无绝人之路，既然我们觉得市场饱和了，我们为什么不能创造出一个市场呢？"

一句话点醒梦中人，菲尔·奈特忽然心有所悟：

"是啊，首先，要从体育项目上拓展思路，我们不是专门做跑鞋的，还有很多体育项目等待我们去挖掘，比如跳高、跳远等径赛项目，篮球、足球和排球等球类项目，甚至自行车、高尔夫球等运动……"

比尔·鲍尔曼也异常兴奋，两个创业天才在一次不经意的对话中碰撞出了火花。

"是啊，你说得对极了。我们就是要广开思路。体育项目扩展之后，我们设计的任务就更重了。既然要创造市场，我们能不能再大胆一些？"鲍尔曼的眼睛灼灼有神，直视着自己的合作伙伴兴奋地说。

"拓展思路？除了体育项目？"菲尔·奈特重复着比尔·鲍尔曼的话，一直想找到新的思路。

忽然他眼前好像电光一闪，菲尔·奈特对自己的合作伙伴兼朋友说："您说，我们能不能抛开专业运动员，找点思路？"

身处逆境，菲尔·奈特和比尔·鲍尔曼为他们的好主意击了一下掌，耐克公司终于找到了新的业务增长点——大众体育运动。

虽然可开发的项目很多，但是要尽快解决当前的困境，自然是要选择一种最便捷、最有效，而且又最普及的锻炼方式。什么是最便捷、最有效的锻炼方式呢？无疑是最原始的运动：慢跑。这项运动不限年龄、性别和场地，最重要的是它普及化极高的大众运动项目之一。

菲尔·奈特和比尔·鲍尔曼决心创造一个跑步鞋市场，他们要让跑步成为一种最酷的、最时尚的流行运动。要知道，所谓的全民健身运动，一般是由政府倡导的，而由一个运动产品商推动的大众健身运动，还不多见。虽然耐克公司的终极目标是让自己的消费群体不断壮大，但是从客观的角度讲，也促进了一种健康生活方式的产生，这也是耐克公司的贡献之一。

菲尔·奈特发挥了自己的特长，这个斯坦福大学商学院研究生院的高才生，很快就策划了一系列的群众活动。比如，耐克产品各大零售商店都积极组织社区的长跑比赛、趣味的跑步比赛，耐克公司花费重金，为比赛提供丰厚的奖品。在美国的大街上，经常可以看到一个奇怪的场景，耐克公司的零售商并不专心在商店里出售产品，而是开着面包车，走遍山乡市镇宣传耐克公司的全民健身运动。渐渐地，慢跑运动成了美国文化的大潮，不分男女老幼都参与到这项活动中来了。

与此同时，耐克公司也没有忘记运动鞋消费最大的群体——学生，他们来到校园内，针对学生热情好动的特点，除了开展丰富多彩的冠名运动活动之外，还开展运动知识讲座，为学生们开设体育训练课。比尔·鲍尔曼还不失时机地推出了考兹坦全能运动跑鞋，这种廉价而舒适的跑鞋，为20世纪70年代兴起的跑步热潮起到了推波助澜的作用。

耐克公司的"创造市场"计划获得了巨大的成功。到了20世纪70年代中后期，每天进行一次慢跑，已经成为美国人健康休闲的风向标。很多人甚至驱车几十公里，专门到耐克专营店购买耐克鞋，因为穿上舒适的耐克鞋进行慢跑活动，也是一种时尚的标志。随着"全民运动总动员"的成功，菲尔·奈特的事业蓬勃兴旺，耐克公司日渐从运动产品的边缘进入了中心位置。耐克运动鞋不光在长跑领域，在其他领域也是遍地开花。最典型的莫过于篮球运动方面，到了20世纪80年代中期，绝大多数NBA巨星都穿上了耐克鞋。

耐克公司的"创造市场"计划告诉我们，任何事情都有它的两面性，当一种思路行不通的时候，或许正是转机到来的时候，我们只有以一种积极的心态去面对问题，才能从另一个角度找到解决问题的方法。

第五节　耐克的精神教父

> 凡事皆贵专心，有所专宗，而博观他途，以扩其识，亦无不可。无所专宗，而见异思迁，此眩彼夺，则大不可。
>
> ——曾国藩

20世纪末的圣诞平安夜，瑞雪纷纷扬扬，世界都笼罩在一片祥和的气氛中。这天，一个88岁的老人，安详地走完了他的人生旅程，他就是比尔·鲍尔曼，耐克公司的联合创始人、公司的精神教父。他在家中安然离世，留下了身后流传不尽的传

奇故事，他做事专一的精神也成为耐克公司的珍贵财富。

1972年，比尔·鲍尔曼创造了耐克历史上的第一款经典运动鞋Cortez，这款运动鞋和15年后推出的第一双外置气垫的Air Max 1一道成为耐克公司历史上里程碑式的作品。实现了鲍尔曼的毕生追求——将最先进的科技与最深厚的文化底蕴结合在一起。

后来，耐克公司推出了一款向经典致敬的鞋——Nike Air Hyperflight，这款充满现代感和艺术气息的运动鞋，实际的灵感来源就源自于鲍尔曼的经典设计。

"坦率地说，我们这些后来者都是鲍尔曼的学生，因为他的影响实在是太深了。你不可能忘掉他，当你走在耐克公司的林荫道的时候，当你拿起鞋样开始设计的时候，头脑里蹦出的第一个念头一定会是——鲍尔曼这时候会怎么做？"艾里克·埃瓦是这款鞋的设计师，在言谈中，他充满了对鲍尔曼的敬重与钦佩。

显然，耐克公司的文化精神里，比尔·鲍尔曼已经被演绎为一个不可替代的神话。给予比尔·鲍尔曼这样的地位是名副其实的，他的"更轻、更舒适、更持久"的理念，几乎成了耐克公司培训设计师的第一课。如今，每个设计者在设计新产品的时候都会在心里轻轻地问："如果比尔·鲍尔曼要设计一双运动鞋，他会怎么做？"

虽然比尔·鲍尔曼在耐克公司举足轻重，但是他本质上更像个专业设计师，而不是一个商人。实际上也是这样，比尔·鲍尔曼在耐克公司主要负责产品的设计工作。比尔·鲍尔曼还在美国俄勒冈大学做田径教练的时候，他对体育运动就有很深刻的理解。他培养了诸多长跑高手，这还只是他一生光辉业绩的一部分，他更大的贡献是精神理念上的，因为他第一次将运动的概念从运动场上延伸至人们生活的各个角落。

1967年，比尔·鲍尔曼写了一本畅销书，名为《慢跑》。在这本关于跑步的书里面，比尔·鲍尔曼提出了一个著名的论点：跑步并不是运动员的专利，只要你有身体，你就可以是一个运动者。虽然人们在生活中总有跑来跑去的时候，但是以跑步为专门的锻炼方式这种想法似乎还没有出现。《慢跑》的发行使休闲慢跑的概念开始在美国乃至世界生根发芽，最后成为一种流行的运动潮流和文化思潮。当年菲尔·奈特和比尔·鲍尔曼在公司出现困境的时候，为了解决问题，两个人如有天助地想到了开发新领域，而比尔·鲍尔曼的《慢跑》切实地打开了一个全新的运动领域。这是一件一举两得的事情，也算是耐克公司的两位元老对世人和自己公司的巨大贡献。慢跑运动的风行客观上促进了耐克公司的发展，不过不可否认的是，比尔·鲍尔曼已经远远超出了一个体育经营者的范畴，变成了一个体育哲学的思想者。

当其他公司还在为迎合市场而疲于奔命的时候，耐克公司却因为拥有思想者比尔·鲍尔曼而变得从容淡定。与比尔·鲍尔曼的理念一致，耐克公司的设计师们从来不做市场跟风的设计，而是强调设计至上，用户体验至上，然后去引导消费者，

形成新的流行风尚，这就是比尔·鲍尔曼的魅力所在。

比尔·鲍尔曼对运动领域的拓展是伟大的壮举，同样，他从小小的饼干里得到的启示也足以让他的名字永远载入耐克公司的功臣簿上。

1972年，比尔·鲍尔曼正在为运动鞋的材料总是达不到自己的要求而发愁。正当他一筹莫展的时候，一股华夫饼干的味道传到了他的鼻子里，原来妻子正在做午餐。比尔·鲍尔曼灵机一动，他将橡胶倒进了华夫饼干的铁盘里，奇迹发生了，一项新的发现在偶然中诞生了。比尔·鲍尔曼制作出了风靡至今的耐克"华夫运动鞋"的鞋底样式，这款鞋的纹理，正是那个饼盘的纹理，没想到一次误打误撞，天才设计师比尔·鲍尔曼发现了十分结实耐磨的运动鞋纹理。比尔·鲍尔曼从不满足于现状，他所要的永远是最舒适、最好的设计。经过多次试验，比尔·鲍尔曼为耐克运动鞋添加了增高的厚垫和有弹性的底片，他还采用耐磨的尼龙布面做鞋面，从而全面提升了运动鞋的舒适度。就这样，一款真正属于耐克公司的经典运动鞋诞生了。

"华夫运动鞋"的诞生看似偶然，实际上正是比尔·鲍尔曼潜心研究、一朝领悟的结晶。很快，装有"华夫大底"的运动鞋，成为一种身份的象征，每一个和耐克公司签约的田径运动员，在比赛场上穿着的运动鞋里一定会垫上印有比尔·鲍尔曼头像的鞋垫。或许，以比尔·鲍尔曼命名的系列运动鞋代表着专业和专注的精神，又或许每个运动员都想让比尔·鲍尔曼——这个神一样的人物，保佑自己取得好成绩吧。

后来，为了表彰比尔·鲍尔曼这个伟大的设计师，耐克公司决定在"鲍尔曼运动鞋"系列中，将耐克的标志和比尔·鲍尔曼的剪影并排放置在鞋的两侧，这是一种无上的荣誉，意味着比尔·鲍尔曼的成就不仅得到了耐克公司的认可，也得到了广大消费者的拥戴。因为比尔·鲍尔曼的设计虽然历经几十年，但仍然是耐克公司最经典的设计之一。

"鲍尔曼是这样一个人，当你面对他的时候，你没觉得他有什么特别之处；而当你离开他的时候，你就会发现他的影响力无处不在，这或许就是伟大一词的定义吧。"作为比尔·鲍尔曼的学生兼合作人，菲尔·奈特如是说。

"一个人的能力，说到底和年龄没有什么关系，和学历也没有什么关系，和一个人的经历与做事的认真态度，以及对事业的坚守有着莫大的关系。"这是比尔·鲍尔曼的名言，而他也正是用他的一生诠释了体育运动的精髓。

比尔·鲍尔曼的一生都在践行着自己的誓言，他不像其他.公司老总一样，喜欢高谈阔论，出尽风头。他几乎没有语惊四座的时候，而只是默默地开展自己的研究工作。正像他的战友菲尔·奈特评价的那样：今天，当我们离开鲍尔曼的时候，却发现，他的设计还在陪伴着我们。这，或许是对比尔·鲍尔曼一生最好的褒奖吧。

和创造世界名牌的人

一起放飞梦想

Let the dream fly

第六节　人格的力量

> 一个人如果能在心中充满对人类的博爱，行为遵循崇高的道德，永远围绕着真理的枢轴而转动，那么他虽在人间也就等于生活在天堂中了。
>
> ——弗兰西斯·培根

作为耐克公司的创始人，菲尔·奈特将公司视作自己的亲生孩子。菲尔·奈特不像一些公司的总裁那样仅把工作当作是职业的一部分，每天过着朝九晚五的生活，而是把公司当作了自己的家。菲尔·奈特将自己的办公室改造成了起居室，只要他认为有需要就睡在办公室旁边的卧室里。

即使是和菲尔·奈特关系最好的朋友，或者是耐克公司的高级雇员也很少有人进去过菲尔·奈特的办公室。针对外界对菲尔·奈特倨傲无比、行动诡秘的评价，菲尔·奈特本人显得无可奈何。

"不让更多的人进我的办公室，其实有我的苦衷。你想想，如果你来到著名的耐克公司总裁的办公室，却惊讶地发现里面堆满了脏衣服和各种文件，第二天这些就会成为小报新闻的头条，这显然不是什么高明的营销策略。再说，如果那些人整天进出我的房间，我还哪有什么时间独自思考问题了？"菲尔·奈特对此做出了解释。

菲尔·奈特说的是实情，虽然他堪称世界五百强总裁中最神秘的一个，但是他思考的都是公司的发展大计。如果每天纠缠于庸常小事，自然不会有什么精力思考大事。而菲尔·奈特闭门谢客的做法，也让他能集中精力构想耐克公司的未来图景。

20世纪80年代初，菲尔·奈特对公司进行了大刀阔斧的改革。他先是将臃肿的机构部门裁撤为一个个平面管理的设计单位，每个单位之间形成了良性的竞争关系。同时，菲尔·奈特认为青少年将是未来体育消费市场的主流，青少年的心理特征是喜欢模仿，而且对品牌的忠诚度较高，于是他制订了针对青少年的营销策略。这一品牌策略就是树立耐克公司反传统、特立独行的形象，而事实证明，这一策略是非常成功的。

一天，菲尔·奈特发现《纽约时报》上有一篇尖锐的批评文章，作者毫不客气地指出："耐克公司已经成了装扮奇形怪状，满口脏话的年轻人的经典装扮。显然对美国文化和美国梦而言，不是什么好消息。"

"是啊，如果说一个公司在创业初期，还能用青春期的叛逆作为品牌标志的话，现在公司走向了正轨，如果再不承担一定的社会责任，就说不过去了。我们要做的是商业与体育文化的结合，而不是针对主流文化的叛逆思潮。"凭着职业的敏

感，菲尔·奈特十分重视这篇评论的价值，他陷入了深深的思考中。

老子在《道德经》中这样写道："不出户，知天下；不窥牖，见天道。其出弥远，其知弥少。是以圣人不行而知，不见而名，不为而成。"虽然菲尔·奈特经常在办公室里沉思，但是他并不是故步自封，他对运动产品的关注从未停止过。当初耐克运动鞋闯进江湖的时候打的是反传统的牌，但是那种策略只适合小型的新兴创业公司，当耐克公司的营销额接近几十亿美元之后，再大打反叛牌就显得不合时宜了，他必须再为耐克公司寻找生机。

"毫无疑问，我们公司越来越壮大了，但是随之而来的，也有新的烦恼，我们更要战战兢兢、如履薄冰。所以，当企业的火正点旺的时候，要冷静，给我们的热情降降温，但是也别做过了头，把我们心中的热情之火熄灭了。"菲尔·奈特在公司大会上，似有所指地和自己手下的精英们说。

菲尔·奈特的担忧不无道理，市场的反馈很快就印证了他的想法。20世纪90年代，耐克旅游鞋占据了市场近三成的份额，耐克的业绩让其他公司望尘莫及。但是突然之间，耐克公司的营业额直线下降，下降的幅度大得惊人，甚至下降了近10%，跌到了不足40亿美元。

经过市场调研，菲尔·奈特明白了其中的奥秘，原来"成也萧何，败也萧何"。青少年虽然是市场的主力军，但也是最不稳定的因素。前几年，旅游鞋和运动鞋还是流行的时尚，但是几年之后，逐渐成人的青少年，已经厌倦了一成不变的运动鞋样式，认为那不过是幼稚的表现，他们更喜欢能让自己看起来稳重一些的皮鞋。

很多市场分析师都悲观地认为耐克公司很难走出销售的困境，因为市场的导向已经发生了重大的变化，耐克公司如果不做出相应的改变，将被时代的大潮所淘汰。菲尔·奈特本人也是忧心忡忡，他心里清楚，在一个日益饱和的市场，想恢复十几年前的销售神话，几乎是不可能的。当务之急，是要寻找到新的增长点。

这年初春，在俄勒冈州的海边别墅，菲尔·奈特亲自召开了一次高层会议，他想听听大家有什么想法，能帮助公司走出眼前的困境。这次会议上，有30多名分管经理积极献言献策，场面十分热烈。

会议由新任总经理克拉克主持。一开始菲尔·奈特就宣布，这次来只带着耳朵，没带着嘴。他还像往常一样，不喜欢出风头，只是在后排的角落里，旁听会议，只是想集思广益，请大家广开言路。

这次独特的会议很有耐克公司的特点，那就是敢为天下先的勇气。耐克公司的员工都是具有冒险精神的开拓者，在海浪拍岸的海边别墅，诸位精英畅所欲言。据一位参加了那次会议的经理说："那是我们耐克公司独有的公司文化，每个人都畅所欲言，同时，每个人手里都端着酒杯，不像是正襟危坐的高管会议，倒像是朋友间交流的聚会。这些自诩为反传统的家

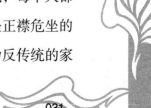

伙，在酒精的刺激下，碰撞出了很多智慧的火花。"

作为会议的实际组织者，菲尔·奈特并不介意自己的员工争论、甚至争吵，他甚至鼓励、怂恿大家展开针锋相对的辩论。而且会场上也没有什么资历之别，职务高低之分，甚至有人可以指着菲尔·奈特的鼻子，大声斥责他思路过于保守。

菲尔·奈特先是静静地听着，等到群情激奋发言差不多的时候，他走向了会议前台。熟悉菲尔·奈特的人都知道，这位掌舵人已经有了自己的想法。这些耐克公司的精英，对菲尔·奈特是极为尊重的。恐怕这个世界上很少有人像菲尔·奈特一样，一走向前台，就让员工们热血沸腾。大家知道，菲尔·奈特的身上书写着耐克公司几十年的辉煌史，即使他一个微不足道的动作，也会让大家觉得大有深意。凡是菲尔·奈特提出的想法一定是经过深思熟虑的，所以大家深信不疑，他们会坚定不移地执行下去。菲尔·奈特以一种独特的人格魅力征服了他的员工。

开会的那天，菲尔·奈特穿着他那套著名的双排扣西服，虽然这身装束显得过时、老土，但是穿在菲尔·奈特的身上，却不知不觉有了一种复古的风范。这或许说明人们的关注点往往并非是一个人的服饰，而是他的人格魅力和精神特质。就像菲尔·奈特这位总裁，无论他的衣着怎样都不会影响他在员工中的形象，他早就以自己独特的思想征服了他们。

"实话说吧，我并不是什么大人物，有人也许对我不熟悉。前几天我和我的宠物，一只青蛙来到一间酒吧里，服务生

和创造世界名牌的人

一起放飞梦想

Let the dream fly

不认识我是谁，问这只青蛙，青蛙回答说，别理他，现在他长大了，不过最开始的时候，他不过是我屁股上的一块肉瘤而已。"菲尔·奈特慢慢地走向了前台，当大家的注意力集中到自己身上的时候，他眯起了眼睛，脸上露出了一丝自信的微笑，他轻松地说。

菲尔·奈特的美式笑话说完，全场爆发出热烈的掌声与哄堂大笑。菲尔·奈特试图用这种方式告诉大家，虽然情况有些不妙，但是我们不能忘记自我解嘲的幽默感，以及嘲讽一切的叛逆精神。这次会议之后，耐克公司一致决定，要改变公司只注重运动领域的策略，要勇于进军休闲运动和商务领域。

经过让人眼花缭乱的新品上市推介，以及暴风骤雨般的营销活动，耐克公司奇迹般的起死回生了，市场份额竟达到了近五成的历史最高点。

显然，面对困境的时候，幽默开朗、知人善任的菲尔·奈特起到了力挽狂澜的作用。而菲尔·奈特的人格魅力也让他获得了丰厚的回报，他旗下的公司终于领先于老对手阿迪达斯公司，而菲尔·奈特本人也正式成为福布斯富人俱乐部中的一员。

如菲尔·奈特当年论文里预言的那样，总有一天德系运动鞋会被超越。

只是当时还是一名学生的他不一定想到，那间超越德系运动鞋的公司属于他——菲尔·奈特。

第七节　最古怪的首席执行官

> 天才是由于对事业的热爱而发展起来
> 的。简直可以说，天才就其本质而论只不过
> 是对事业，对工作的热爱而已。
>
> ——高尔基

　　菲尔·奈特是一个很奇怪的人。一方面，他根本不像是一个跨国公司的总裁，倒像是一个周游世界的嬉皮士。而且因为公务繁忙，他本人又很需要一个独立的空间，所以他很少在办公室接待客人，就连本公司的员工也很少有人有资格进入他的办公室。人们觉得菲尔·奈特的身上笼罩着一层神秘的色彩，很难被看透，他被媒体评为世界500强公司中最古怪的首席执行官。然而另一方面，菲尔·奈特又好像是一个好莱坞巨星，无论走到哪里他都会成为新闻媒体瞩目的焦点。休闲装、大墨镜是菲尔·奈特的经典装扮，耐克公司流传着诸多关于神秘总裁的传说。这位总裁虽然神秘，但是轶闻却不少，很多员工甚至整理了菲尔·奈特的经典语录，而表演这些语录则成了耐克公司内部员工年会的保留节目。

　　"双面"菲尔·奈特，这是媒体人给菲尔·奈特的评价。其实，隐居与张扬，两个看似不可调和的性格，同时出现在菲尔·奈特身上一点都不奇怪。个中原因不难理解，一个是菲尔·奈特属于公众形象，作为一个大众消费品公司的总裁，需要保持着足够的话题性和曝光率，因为他的形象也代表着耐克公司的形象。而另一方面，作为一个独立的人，私密的空间是不能缺少的，即便是世界超级公司的总裁也一样。况且菲尔·奈特并非有意营造神秘感，就他的性格而言，他更是一个低调行事的人。

当然凡事都有例外。有一次，菲尔·奈特在自己的神秘办公室破例接见了一个重要的广告代理商。对方受宠若惊，认为能得到菲尔·奈特的接见是一种至高的荣誉。当客人走进办公室的时候，发现这个传说中的名人并没有什么特别之处，要说有点古怪的，就是菲尔·奈特并没有摆出一副总裁应该有的端庄与稳重，甚至连一般员工应有的仪态都没有。这位大名鼎鼎的巨富总裁将双腿架在办公桌上，见到自己的客人只是示意对方随意坐。

不可思议的场面让这个广告代理商有些糊涂，当然他还记得自己的身份，他打算先把自己来的目的向对面这位传说中的神秘总裁加以说明。

"你相信广告吗？"正当这个代理商想要介绍自己的广宣策划的时候，听众菲尔·奈特却突然发问了。

这个问题让代理商很难回答，正当他在措辞的时候，菲尔·奈特却轻松地说："实话和你说吧，我根本就不相信什么

广告。"没等对方回答，菲尔·奈特接着又说："所以重新认识一下吧，我是不相信广告的奈特。不过今天找你来，是为了大众，他们不相信品质，只相信广告。"

这一自问自答让广告代理商瞠目结舌，他不得不佩服菲尔·奈特的清醒和精明。

菲尔·奈特的经典语录还有很多，乍听起来惊世骇俗，但是仔细想想又充满了哲理。

"是时候了，我们需要做点装模作样的事情。开始创业的时候，我和鲍尔曼只有1000美元，所以，我们不能过于骄傲，很简单，因为兜里没钱。我们要做的仅仅是开展游击战术，但是随着我们的壮大，我们要做点不同寻常的事情……"在公司开会的时候，菲尔·奈特对全体员工说。

大家屏气凝神，他们崇拜的总裁却停下来注视着大家。等了一会儿，好像若有所思地说："我们能做什么呢？很简单，我们要做的并不是鞋子和衣服，而是向大众输出文化观念。以前是他们喜欢什么我们做什么，现在不同了，做企业的最高境界是我们做什么，就引导大众喜欢什么。"

菲尔·奈特说的没错，看似大众引导了产品制造者，其实往往被引导的反而是消费者本身。这种理解也正是耐克公司企业文化精神的核心所在，所谓的输出文化观念，实际上是增加了产品的文化附加值，将流行的趋势牢牢地抓在了自己的手里。

菲尔·奈特的长子马修·奈特，本来是一家慈善公司的员工，但是在一次潜水活动中不幸溺水而亡。悲痛万分的菲尔·奈特闭门谢客，几个月后才走出了悲痛，他反省自己的做法，痛心疾首地说："显然，我确实不是一个好的管理者，更不是一个合格的父亲。要知道，这是一个关于分配时间的问题，想想自己，根本没有做到在工作和亲情之间寻找到平衡点。可是，一旦失去了一件东西，你会发现，会遗恨终生。"

当有员工登门慰问菲尔·奈特的时候，他一如既往地闭门谢客，不过他在门口贴了一张纸条，上面写满了自己对员工的忠告：

"亲爱的朋友，如果你想安慰我的话，好意我心领了，我想，你现在能做的就是马上回头，去安慰你的亲人。"

菲尔·奈特虽然处事特立独行，但是他并非听不进别人的忠告，在公司的会议上，他经常说的一句话就是：

"我们当中谁也没有我们大家聪明。所以，最好的办法就是睁开眼睛看着大家，竖起耳朵听听大家的意见。"

菲尔·奈特是这么说的，也是这么做的，在耐克公司内部，无论是谁，也无论你的职务高低，如果你能有一些好的想法，就可以直接用电子邮件的方式，告诉总裁本人。

一次，一个叫布朗的年轻人给菲尔·奈特写了封邮件，要求公司加大对运动衣的研发力度。

"布朗说得好极了，我们是运动公司，不是什么运动鞋公司。比方说，在看一次篮球比赛的时候，你是注视运动员脚上的鞋子时间长，还是看那些裹着肌肉的运动衣的时间多呢？有

人统计过，二者的比例是1比9。"菲尔·奈特很重视布朗的建议，在会议上表扬了这个永远提出见解的年轻人。

正是菲尔·奈特的从善如流，才让耐克公司抓住了新时代的休闲风潮，成了真正全面的运动公司。

在菲尔·奈特的亲自主抓下，耐克公司也从一个重视设计的公司，变为真正重视用户体验的伟大公司。

菲尔·奈特为了提高公司的运营效率，采用了很多独特的方法：比如双领导制。这种管理制度让公司的高层决策者始终处在一种相互牵制的状态，既有效地避免了权力一家独大，又能很好地起到监督促进的效果。再比如，耐克公司的供给系统十分庞大，一共有20多个系统在全球同时运作，这样就很难实现资源的优化配置。于是菲尔·奈特花了近5亿美元建立了统一的供给链，这样公司就能迅速掌握产品的营销情况，将世界各地的畅销和滞销状况同时体现在该系统中，如此一来公司的利润最少增加了三个百分点。

在2004年第一季度，耐克公司的营销额达到了近120亿美元，净利润达到了10亿美元，创造了历史的新高。菲尔·奈特雄心勃勃地将公司十年后的营销目标定为500亿美元。耐克公司上下一致认为，这个目标能够实现，因为公司正以每年近10%的增长率向前发展。更何况，还有一个高瞻远瞩的领头人——菲尔·奈特。

在菲尔·奈特的字典里，有一个词压根就没有收录——失败。倒不是菲尔·奈特是料事如神的人，而是在他的带动下，耐克公司已经进入到了发展的快车道，剩下的，就是像一个长跑运动员一样，坚持下去就是了。

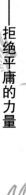

第八节　难产的接班人

> 人总是要犯错误、受挫折、伤脑筋的，不过决不能停滞不前；应该完成的任务，即使为它牺牲生命，也要完成。社会之河的圣水就是因为被一股永不停滞的激流推动向前才得以保持洁净。
>
> ——泰戈尔

菲尔·奈特是一个什么样的人，恐怕连他最亲密的朋友都无法说清楚，因为他的身上充满了各种神秘的标签—— 一意孤行的独裁者、天马行空的幻想者、离经叛道的朋克一族、古怪神秘的预言家……

对于新闻媒体而言，菲尔·奈特是个特别好的合作伙伴，这当然不是指菲尔·奈特非常配合那些正式或非正式的采访，而是这个永远带着黑超墨镜不苟言笑的运动产业大亨本身就是一个优质的新闻素材。菲尔·奈特近乎白手起家的神奇创业故事、神龙见首不见尾的处事风格、不鸣则已一鸣惊人的语

言表达效果、不按常理出牌的工作作风等，总之只要一提到菲尔·奈特，这个名字背后的任何一点都会灼伤你的眼球。

"广告就是胡说八道的东西，我根本就不相信那些光彩照人的谎言。"菲尔·奈特一面花高价搞宣传，另一方面又直言不讳，表示出对广告的轻视。其实这种看似荒谬的论调与他内在冷静对待客观世界的理性态度是统一的，是那些相信广告的人没有好好理解这个世界的本质而造成的。大多数时候，人们宁愿相信花哨的外表而不注重包装下物质的本质，买椟还珠的事情不是时有发生吗？

当菲尔·奈特出席公众场合的时候，他的沉默就是他的交际方式，因为他经常身陷自己的思绪中，任风雷激荡他却淡定从容。当然，这种做法也可以被理解为菲尔·奈特的孤傲和不通情理，可是不管怎样，如果菲尔·奈特出现，他就一定是一个不能从你的视野当中被忽略的那一个。

我行我素，任尔东南西北风，菲尔·奈特一直以来就是"我就是我，不一样的自我"的最好诠释。而最让人不可思议的地方是他对接班人的态度上，这个做事雷厉风行的人在选择耐克大殿的真龙天子时居然三选三废。这样做的结果造成了耐克帝国三次人事地震之后，帝国领袖仍旧是菲尔·奈特本人。所以，新闻媒体将菲尔·奈特誉为世界上最古怪的董事长是比较准确的。

接班人的问题在政界和商界同样重要，稍有不慎满盘皆输，所以无论公司大小，当家做主的人选都是让现任者头疼的事情。但是菲尔·奈特好像安之若素，失败了就调整，反正自己有力挽狂澜的本事，大不了从头再来。正是因为这种气魄，让耐克公司有惊无险，总能安然渡过难关。

1983年，菲尔·奈特突发奇想，决定探究一下神秘的东方文化的奥秘，于是他当起了背包客，孤身来到刚刚改革开放的中国大陆旅行。动身之前，他将公司的决策权交给了自己的合作伙伴鲍伯·伍德尔。

鲍伯·伍德尔在耐克公司服务多年，他的主要特点是善于守成，而不善于创新。菲尔·奈特离开的时候，正是世界范围内的慢跑热盛行之际，所以他要求公司增大跑步鞋与篮球鞋的产量。但是，菲尔·奈特先生离开没多久，情况发生了变化，跑步热潮逐渐退去，而以健身为代表的有氧运动开始流行。形势发生了变化，但是鲍伯·伍德尔并不知道变通，还将开发和销售重点放在了跑鞋上。这时，鞋业的后起之秀锐步公司抢得了健身运动鞋的先机，而耐克的营业额下降了近10%。

1984年秋，游历归来的菲尔·奈特只好重新"披挂上阵"，鲍伯·伍德尔等耐克元老被迫离开了耐克公司，而菲尔·奈特重整旗鼓，调研市场重点，发现篮球市场是新兴的健身市场，于是凭借迈克尔·乔丹等明星的代言效应，耐克公司又重新崛起。

经过多年的奋斗，耐克公司已经从一个小作坊成长为行业的领军人物，在美国的鞋类市场中占据了40%的份额。这时候，菲尔·奈特又开始不安分起来，他希望自己可以过一种自

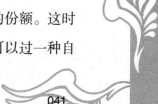

由自在的生活，能够参加一些体育活动。于是，他又想将手中的大权放手，任命汤姆·克拉克担任耐克公司的CEO。

菲尔·奈特吸取了鲍伯·伍德尔事件的教训，不懂市场的变化，就无法掌控耐克帝国的发展。于是，他特意选择了一直从事产品开发研究的汤姆·克拉克担任领头羊。菲尔·奈特觉得汤姆·克拉克具有敏锐的商业嗅觉，一定会让耐克公司永远屹立于世界鞋业的流行前沿。

不过，这次菲尔·奈特又错了。汤姆·克拉克虽然在产品设计方面有独到的才华和见解，不过对消费者的市场调研却不在行。他并没有注意到消费者对中高端产品的需求有所下降，还将耐克定位为高端鞋业产品，于是耐克公司的销售额陷入了长达4年的停顿，一直在90亿美元左右徘徊。

20世纪末，闲不住的菲尔·奈特又回来了，他先是炒掉了自己亲手培养的接班人汤姆·克拉克，接下来又重组了耐克的经营团队，不仅继续保持耐克在高端市场的领军地位，而且也在大众体育、普通市场客户端取得了长足的进步，耐克公司的营业额又开始稳步上升。

耐克公司的销量又开始保持两位数的增长，这时，不安分的菲尔·奈特又开始谋划自己的退休生活了，因为在他看来，耐克公司仅仅是自己生活的一部分，而远远不是全部，他自己还有很多新奇的人生规划没有实现。

当时耐克公司内部有两个极佳的人选，一个是帕克，是产品设计专家；另一个是单森，在市场营销方面战功赫赫。公司内部都认为这两个人是菲尔·奈特接班人的不二人选。

不过菲尔·奈特并不这么看，或许是前两次的教训太深刻了，他对接班人有着独特的要求：

"很多人都说帕克或者单森是合适的人选，不过有谁能知道，这个赌注是不是值得？从内部选拔最大的问题是对公司的业务过于熟悉，这是一柄双刃剑，一方面可以迅速地融入角色，另一方面，却不容易接受不同的价值观念，使得公司的发展陷入停滞。"

所以，菲尔·奈特并没有随波逐流，而是开始委托人才猎头公司寻找自己的接班人。2004年春天，一件意外的事件让耐克公司接班人的问题变成了亟待解决的问题。这年5月，菲尔·奈特的长子马修因为潜水发生意外，不幸离世。白发人送黑发人，让年近古稀的菲尔·奈特悲痛不已，他似乎在一瞬间顿悟了人生的真谛——人生难测祸福，岁月的长河中，很难说清楚命运的巨手究竟会将人类如何拨弄。意外让他去意决绝，他加快了遴选接班人的步伐。

2004年末，菲尔·奈特亲自选定了比尔·佩雷斯作为耐克公司的CEO。比尔·佩雷斯与菲尔·奈特接触不多，仅仅深谈过两次，但是比尔·佩雷斯的履历足够厚重，这恐怕也是菲尔·奈特最终选定比尔·佩雷斯的原因所在。因为他曾经担任过美国著名公司庄臣公司的CEO，有过管理大公司的实战经验。

不过，菲尔·奈特与比尔·佩雷斯的美好关系维持的时

间也不长——仅仅两年之后两个人的合作就走到了终点。一天早上，比尔·佩雷斯和往常一样，召开每周一的例行会议。不过他一进门就发现气氛有些不对，今天菲尔·奈特也出席了会议，这个神龙见首不见尾的董事长一言不发，但是在黑超墨镜背后的一双眼睛，却隐藏着不为人知的活力和决断。

例行会议按照程序进行，先讨论了几个普通议题，会议进行得波澜不惊。比尔·佩雷斯正想继续进行下一议题，老总裁菲尔·奈特却突然推了推墨镜，大声说：

"我有个议题，大家讨论讨论。"

大家都感到很惊讶，因为按照惯例，菲尔·奈特这种语气，意味着要开始发难了。

果然，菲尔·奈特一点都不含蓄，他将矛头直指比尔·佩雷斯：

"众所周知，佩雷斯先生掌管耐克公司有两年的时间了。我们已经给了他足够的时间，遗憾的是，他并没有将自己的才华与耐克公司的未来联系在一起，所以，要么他离开，要么耐克走向衰落。"

菲尔·奈特的发言如一个重磅炸弹，在会场引起了轩然大波，而比尔·佩雷斯本人也是猝不及防，呆呆地坐在椅子上一言不发。等会议快结束的时候，比尔·佩雷斯才想起，自己一会儿将不属于这家公司了。于是他站起来，向菲尔·奈特和其他董事会成员说："我现在也不知道究竟发生了什么事情，但是，我想找个时间，向大家讲一讲我的想法，不知道能不能给我一个申述的机会？"

菲尔·奈特依然一言不发，董事会经过举手表决，同意了比尔·佩雷斯的提议。

不过，事情绝没有比尔·佩雷斯想得那么简单。一月末，菲尔·奈特就将裁掉比尔·佩雷斯的消息通告了各大媒体，这个爆炸性的消息很快就占据了各大媒体的头版头条位置。菲尔·奈特还是一如既往地惜字如金，他的解释仅仅是很官方的"文化差异，难以弥合"。

从此以后，菲尔·奈特再次走向了耐克公司管理的前台。人们对菲尔·奈特这种出尔反尔的用人模式普遍提出了质疑，有人认为，这意味着菲尔·奈特所提倡的从外部文化入手，刺激耐克公司发展的策略，彻底失败了。也有人说，菲尔·奈特三番五次罢免自己亲手提拔的接班人，实际上是一种贪恋权力的表现，他从骨子里并不想找什么接班人，这些不过是为了自己重新上位的障眼法而已。

面对众说纷纭的各种议论，菲尔·奈特还是保持着酷酷的表情，对此并不予以置评。或许没有人会知道，菲尔·奈特为何要屡次罢免自己亲自挑选的接班人，不过有一点可以肯定，菲尔·奈特的选贤之路，客观上让耐克公司内部形成了一种良好的竞争机制。

或许，世界上并没有一个最完美的CEO人选，有的只是更合适的人选。不论是菲尔·奈特本人，还是他的接班人，都处在一个未知的、成长的阶段。

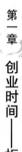

第九节　文化的裂痕

> 坚定的信心，能使平凡的人们做出惊人的事业。对于凌驾命运之上的人来说，信心就是生命的主宰。
>
> ——海伦·凯勒

比尔·佩雷斯成了一个悲情人物，这个耐克公司历史上的过渡性人物，走过了一条从辉煌到失落的人生之路，而他的失意也正是人们看清世事真相的一面镜子。

从履历上看，比尔·佩雷斯无疑是耐克公司CEO的最佳人选。首先，他有跨国公司的工作经验，是美国庄臣公司的前CEO，有着经营多品牌战略的经验；其次，比尔·佩雷斯在庄臣公司服务了30多年，与公司董事会的五代成员都相处融洽，具有出众的人事交际能力；最后，50多岁的比尔·佩雷斯年富力强，正处在事业的巅峰期，而且他谨慎理性的性格特点，也会让充满活力的耐克公司走上理性发展的坦途。

那为什么比尔·佩雷斯最后还黯然下课呢？研究者将之归结为文化的冲突，就像菲尔·奈特所说的那8个字——"文化差异，难以弥合"。

事实正是如此，比尔·佩雷斯尽管在管理经验上有所专长，但是他没能很好地融入耐克公司的文化建设中，始终是一个冷静的旁观者，这才是他离职的真正原因。

从业绩上看，比尔·佩雷斯的表现也属于中规中矩，并不很糟糕。比如，比尔·佩雷斯上任后，公司的营业额还增加了10%。不过，他的性格偏于直爽，沟通方面的短板让他在耐克公司过得并不顺心。

按照耐克公司内部一条不成文的规定，公司的员工最好应该是一名体育爱好者。比尔·佩雷斯完全符合这个条件，他是一个狂热的长跑爱好者，坚持这一爱好已经有几十年的时间，无论刮风下雨从未间断，这本来是他管理公司的优势所在。不过比尔·佩雷斯的性格过于直爽，也让他无意中得罪了很多公司的老员工。

单说比尔·佩雷斯和曾经的竞争对手帕克、单森之间的关系就十分微妙，他觉得自己的很多创意和决定在产品设计与销售部门都不能得到很好的贯彻，这似乎与他在员工们心中的地位有关系，因为他丝毫不怀疑自己的能力。与此同时，比尔·佩雷斯还发现了另一种尴尬的关系。他觉得自己虽然是现任耐克公司的领头人，老领导菲尔·奈特本人也不在公司，自己真正做到了大权在握，可是菲尔·奈特的形象实在是无处不在，自己好像处处活在菲尔·奈特的阴影之中，这点总让他有一种"到底意难平"的郁闷。

"从我上任伊始，奈特就如幽灵一样，在无形中指挥着

耐克公司，我不过是一个被牵着手脚的提线木偶而已。真正的管理者还是奈特本人。这实在令人沮丧无比。"离任后的比尔·佩雷斯仍然愤愤不平，对《文化周刊》的记者抱怨道。

比尔·佩雷斯在日常管理方面，也与菲尔·奈特有着巨大的不同。菲尔·奈特作为公司说一不二的权威，属下的履历仿佛刻在自己的脑袋里一样，经常能脱口而出下属的绰号和糗事，在轻松的环境中就融洽了与下属的关系，使得耐克公司上下一片和谐的气氛。

而比尔·佩雷斯作为新领导人，采用了科学的方式管理公司。他花重金聘请波士顿咨询公司全面检查、管理公司的日常制度，要求每名员工都要填写调查报告。这引起了一些员工的不满，他们抱怨道：

"佩雷斯的做法太荒唐了，这不是当我们是新来的毛头小子吗？要知道，我们已经为公司服务了几十年，却要像个新人一样填写那些该死的表格，这不是我们耐克公司的文化。我们的文化不是调查，而是信任。"

所以，比尔·佩雷斯和员工之间的关系始终处在管理和被管理者的状态，群众基础并不牢固。比尔·佩雷斯的科学管理并没有什么错，但是中间似乎少了些人情与情感的因素。

另外，比尔·佩雷斯的思维属于理性思维，不能理解耐克公司广告文化中的视觉语言和背后的象征意义。比如，耐克公司广告宣传部门制作了一则广告，拍摄的是美国大学生篮球联赛。比赛中，地板上爬上了一只蚂蚁，然后，蚂蚁越聚越多，直到近30秒之后，广告中才用低沉的画外音说了一句广告语——耐克、篮球。

比尔·佩雷斯认为这则广告显得有些无厘头，因为广告中自始至终都没有提到耐克产品，不能起到品牌宣传的作用，比尔·佩雷斯的指责让耐克公司广告宣传部门的员工哭笑不得。

其实，这是一则构思巧妙的广告。篮球比赛中，在激烈的身体冲撞之下，蚂蚁还能爬上篮球场的地板，说明如果穿上耐克鞋，就会更加轻盈、更舒适，甚至连蚂蚁都感觉不到震动。这样的表达无疑是一则运用侧面烘托的方法宣传耐克运动鞋的好创意，但是佩雷斯却将之否决了。

"佩雷斯好像是一个表格动物，他关心的只是销售数据和分析报表，对耐克公司的文化并没有什么敏锐的直觉。要知道，我们向来是流行文化的领导者，而不是跟风者。"员工们私下里都这样议论他们的新头儿。

耐克公司的文化创意，素来以天马行空的想象力闻名于世，而比尔·佩雷斯的到来让这一文化传统彻底断裂了。人们惊讶地发现，耐克公司的新广告，好像是一个乡巴佬的创意——屏幕中间的耐克鞋特写，以及絮絮叨叨的画外音。观众们也注意到了耐克公司的新变化，纷纷给耐克公司写信，询问广告创意部门是不是有欠薪的事件，要不然为何播出这种侮辱消费者智商的广告？

或许正是比尔·佩雷斯的这种做法彻底激怒了菲尔·奈特，这让以视文化创意为生命的菲尔·奈特，感觉受到了前所未有的侮辱。虽然他并不相信广告，但是他看中广告效应。菲尔·奈特再也无法忍受佩雷斯对耐克公司文化的亵渎，迅速地开出了一张700万美元的支票，告诉比尔·佩雷斯：

"谢谢你，但是，你可以离开了。"

不过，菲尔·奈特的做法也彻底堵上了耐克公司从外部寻找接班人的做法，"去耐克公司做CEO？也是一个不错的选择，如果你是一个抱着必死信心的自杀者的话。"有人戏谑地说。

菲尔·奈特俨然成了耐克公司文化的守卫者和仲裁者，他将耐克公司带到了一个前所未有的高度，同时也为公司出了一道难题：公司要发展，就要融合多重文化，而员工们却认为，保卫耐克公司的文化传统，是每一个真正耐克人的义务和责任。

在坚守和发展之间，或许，每一家现代公司都面临着这种二律背反的命题。可是菲尔·奈特的选择虽然不断变化，但是每一次我们能看到的都是变化后的欣喜。

第十节　无为而治

一个企业只能在企业家的思维空间之内成长，一个企业的成长被其经营者所能达到的思维空间所限制！

——德鲁克

2006年，马克·帕克作为一名"救火队员"，接过了前任比尔·佩雷斯的"权杖"。上任伊始，他的心里十分忐忑，不知道能带给耐克公司什么新的变化。同时，外界对帕克的接任也并不看好，因为他的几个前任，就是因为一些看似并不严重的问题被炒了鱿鱼。人们关注的并不是帕克能把耐克公司带向何方，而是关注帕克能在首席执行官的位置上待多久？

不可否认，马克·帕克面对的是一个"烂摊子"，倒不是说耐克的经营状况多么糟糕，而是他并不能真正拥有耐克公司的权力。世人都知道，耐克公司的董事长菲尔·奈特才是这个伟大企业的真正上帝。员工们早已经习惯于对这位"独裁者"言听计从，马克·帕克的角色无疑夹在菲尔·奈特和员工中间，尺度难以把握。

"刚开始的时候，我好像是一个第一次参加考试的小学生

一样，既兴奋又忐忑。我有自知之明，我并不是这个公司绝对的权威，不过我有的是对公司深厚的感情，另外，创业的激情让我的心情久久不能平静。"马克·帕克后来回忆说。

其实，一开始马克·帕克在CEO竞选中并不占优势，菲尔·奈特选择的并不是他。菲尔·奈特想要找的是一个充满激情的创业者，是青春版的自己。这个接班人要保持耐克的流行玩酷文化，既要不断推陈出新，又要尊重耐克公司固有的文化精神，并且具有管理多个品牌的能力。马克·帕克的优势是长期服务于耐克公司，充分了解耐克公司的文化理念，缺点是个性不够张扬，也不够霸气、强势。

菲尔·奈特有自己独到的选人标准，经过了几次人选变动，他已经不想看什么镀金的履历，现在的他更愿意在细节上发现候选人的缺陷和不足。一次，一位候选人的材料递到了菲尔·奈特的手里，这个人在各方面都符合耐克公司的选材标准。不过在面试的时候，性格古怪的总裁菲尔·奈特随口问了候选人一句："你在周末的时候，有没有什么休闲活动啊？喜欢哪项体育活动？"

"喜欢打桥牌，喜欢到各处查看店面的经营情况。"那个候选人的回答中规中矩。

这个回答本来无可厚非，但是英明伟大的菲尔·奈特先生马上否决了这个候选人的资格，因为菲尔·奈特那句看似漫不经心的问话，实际上正是他在考察候选人对体育精神的理解。所以，不要太过随意地回答每一个问题，因为你的答案可能决定你的命运，虽然你并没有意识到。

菲尔·奈特认为，耐克公司是一家体育文化公司，要想深刻理解耐克公司的文化精髓，他的领导人必须热爱竞技体育，而不是一个纯粹的管理者，或者仅仅是智力项目的爱好者。

几经犹豫，菲尔·奈特最终选定了帕克作为新的接班人。有人问菲尔·奈特为什么选择了名气不大的马克·帕克，菲尔·奈特似有所指地说：

"因为他的身上具有强烈的责任感、伟大的事业心，以及超强的自我反省能力。"

显然，菲尔·奈特看中马克·帕克的，并不是他的领导能力，而是他有灵活的处世哲学，以及超强的创新能力。

马克·帕克深知，耐克公司的市场价值，在于将天才的设计和伟大的产品完美结合。

"我们需要牢记，我们并不是制造鞋子的作坊，而是输出价值观的文化机构，这就是我们的奥秘所在。什么是最新的流行文化？就是蔑视传统，不走寻常的道路，现代人的观念就是不按常理出牌，推崇叛逆文化。"当你听到马克·帕克这样的理解时，相信你对马克·帕克上位的原因就会清楚了。

马克·帕克真的不是那种墨守成规的人，他乐于结交三教九流的人士，他的朋友往往是街头艺术家和后现代艺术家。在他看来，耐克公司的真正发展动力源自于文化的创新。马克·帕克的朋友包括涂鸦艺术家弗拉图，喜欢将人物的眼睛设计为两个叉的艺术设计师卡伍斯，说唱乐手坎耶·维斯特。在

马克·帕克看来，这些艺术家的共性是反叛传统，为大众文化提供新的思想资源，这也是耐克公司的文化精髓。

马克·帕克上任之初，耐克公司正面临着发展的瓶颈。耐克公司的形象代言人迈克尔·乔丹已经进入了职业生涯的末期，乔丹系列的运动装备销量也出现了下滑的趋势。耐克公司再也不能靠着明星效应取得丰厚的利润，因为他的竞争对手早已谙熟了这套营销策略，耐克公司想要发展，必须有新的盈利模式。

菲尔·奈特心里清楚公司正面临的窘境，于是，他对马克·帕克的态度是完全信任，彻底放权。他甚至将自己的办公室搬离了主办公区，这次搬家的象征意义在于：今后，耐克的主人是马克·帕克。

在日常管理上，菲尔·奈特也对马克·帕克展现了充分的信任。在董事会上，菲尔·奈特往往一言不发，通常是听完汇报，看完数据分析之后就自行离开，剩下的一切，都交给帕克来处理。菲尔·奈特的做法让帕克极为感动，他对身边的朋友说：

"奈特是一个真正聪明的管理者，他并不像媒体评价的那样冷酷不讲人情。相反，他给了我最大的自由，不会颐指气使，指手画脚。"

事实证明，菲尔·奈特的做法完全正确，彻底放权的结果是，马克·帕克完全掌握了耐克公司的管理权，而马克·帕克也做到了上行下效，也采用了无为而治的方式管理耐克公司。

不过，这种无为而治并不是什么都不做，而是先设计好新的管理模式，然后就发挥员工的能动性，不做过多的干涉。比如，早期的耐克公司是以产品为中心，各个子品牌之间往往存在着交叉，以及重复设计和管理。帕克改革了这种生产模式，将耐克公司分为七大生产类别，包括跑步、篮球、女子运动以及有氧运动等等。这样一来，耐克公司的机构不再臃肿不堪，各个品牌更专注于专业性和细分市场。

在马克·帕克的管理下，耐克公司的营业额和利润都实现了两位数的增长。有人问马克·帕克：

"管理这个世界闻名的大公司有什么秘诀？"

马克·帕克微微一笑，诚实地说：

"我也没做什么，要知道，我的力量再大，也不能面面俱到。我认为一个聪明的管理者应该是这样的：不去想我领导公司做什么，而是让大家一起想想，自己能为公司做什么。"

和创造世界名牌的人

一起放飞梦想

Let the dream fly

第十一节 永远奔跑的耐克人

一个人绝对不可在遇到危险的威胁时，背过身去试图逃避。若是这样做，只会使危险加倍。但是如果立刻面对它毫不退缩，危险便会减半。决不要逃避任何事物，决不！

——温斯顿·丘吉尔

其实，作为一个后起之秀，耐克公司起步的时候并没有什么品牌优势。在运动产品领域，阿迪达斯公司早已成为行业的领航者，在市场中占有着绝对的优势。从20世纪60年代开始，耐克公司只能采取跟随战略，因为无论从品牌效应还是研发实力，耐克公司都不是阿迪达斯公司的对手。在这种情况下，耐克公司只能隐忍不发，等待超越的时机。

厚积薄发，这句话一点也不假。随着20世纪70年代运动潮流的转变，大众健身的热潮席卷全球，耐克公司敏锐地发现，他们终于迎来了千载难逢的好机会，因为体育市场已经从专业化转向了大众化。相对于少数人专属的专业市场，亿万人参与的大众市场，无疑给耐克公司提供了一个巨大的平台。江山代有才人出，各领风骚数百年，是改朝换代的时刻了。

永不止步既是一种体育精神，更是一种人生理念。菲尔·奈特领导的耐克公司是绝对不会满足现状的，他们要不断向前进。在前进的过程中，耐克公司并不是盲目的，他们制订的发展战略非常有针对性，所以每一次的奔跑他们都是朝着更大的成功迈进一大步。因为没有资金投入到广告宣传中去，所以耐克公司的策略是以大众市场为服务中心，它并不像阿迪达斯公司那样高高在上，据守着运动品牌的王座，而是放下身段，为大众市场服务。再者，是将文化精神投注到品牌之中，更注重人性化和情感化的增值效应。

把运动项目拓展到人们的生活中这本身就是一种"运动"。随着人们生活节奏的变化，运动锻炼已经成为生活不可或缺的一部分。在市场中，消费的主体已经从专业运动员，变为普通大众。新的消费主体有着新的消费需求，他们的目标不是运动竞技，更不是追求什么金牌效应。耐克公司发现所谓的提高运动成绩之类的宣传噱头不再起作用了，取而代之的是舒适性和人性化的产品设计，耐克公司最大的特点就是投消费者所好。而且，菲尔·奈特的野心不仅仅限于生产出合格的产品，更重要的是输出耐克公司特有的文化观念。

耐克公司重新定义了体育的含义，他们强调体育首先是大众化的运动，追求的是自由与自然的精神，不在于超越别人，而是超越自我。其次，耐克公司准确地抓住了时代的脉搏，发现市场的消费主力军是青少年，而青少年追求的是个性化与自由精神，所以耐克公司将品牌的叛逆精神与个性化设计结合在一起，迅速地成为青少年热捧的对象。与成熟稳重的阿迪达斯公司相比，耐克公司就成了青春个性的代名词。

耐克公司不仅将独特的企业文化贯彻在产品的设计之中，在公司内部，也将这种平民化的体育文化理念，投注到公司的日常管理之中。在耐克公司内部，始终强调真正的体育精神，并不是世界纪录和超级巨星，而是坚韧不拔的坚守和努力。这样的企业文化无疑宣示着，每个人都是运动员，每个人都在运动中。

在耐克公司总部的外廊，摆放着代表体育精神的系列人物头像。这些青铜材料的头像，好像在讲述着耐克公司遵循的体育价值观：坚持体育价值，平凡见证伟大。这些人多数是默默无闻的运动者，有人甚至是屡战屡败的失败者。比如，有残疾人运动员、不知名的大学足球裁判、有大学生体育联盟的篮球教练等。他们多数没有达到事业的巅峰，但是都有一个品质——对人生目标有着执着的追求，一个人可以被打倒，却永远不能被打败。

每一个耐克公司的新员工，在迈进公司的时候，都会收到一张制作精美的卡片，上面写着耐克公司认定的价值观念，比如：强健的身体是生命之源，而坚忍的性格是生命的动力；直面困境、敢于向现状挑战是真正的勇士；幸福不会从天降，一切都要自己扛；距离失败最近的是自以为是，距离成功最近的是虚心变通……

耐克公司内部，每年都要举办小型运动会，其中马拉松比赛和自行车比赛是参与人数最多的体育项目，这两个项目的比赛成绩十分惊人，和当年世界最好成绩相比，也相差无几。这一切都源于耐克公司的特殊规定：上班期间，公司员工往往不是正襟危坐、西装笔挺，而是以休闲运动为主。公司员工都必须保证每天两次的锻炼时间。

如果你来到耐克公司的体育馆，运气好的话，或许能迎面碰到科比·布莱恩特或者勒布朗·詹姆斯等NBA巨星。但是有一点不同的是，这些巨星在耐克体育馆训练的时候，并没有人山人海的围观场面，耐克公司的员工对这一场面早已习以为常，认为这些巨星和普通人并没有什么区别。所以，他们来到训练房训练，到员工餐厅吃饭，都不会被打扰。

因为在耐克公司的价值观里，巨星和普通人不过是运动训练之后的结果不同罢了，从热爱运动的角度讲，他们都是平等的。

耐克公司将这个世界上的人分成两类，一类是真正的热爱运动者，他们已经将运动精神融入到了自己的血液里；还有一类是运动的旁观者。在耐克公司的外廊壁画中，有一张照片很有代表性。照片的主角是耐克公司第一个全职员工杰夫·约翰逊。这个斯坦福大学的高才生，最大的爱好就是跑步。在他看来，如果停止奔跑，这个人就会马上死去，因为不能奔跑的人无异于行尸走肉，是没有灵魂的人。这在当时无疑是社会的另类，不过，在耐克公司，约翰逊却成了运动精神的代表。

耐克公司的用意很明显——我们从第一个员工杰夫·约翰逊开始，一直奔跑到今天，如果你加入了耐克公司的队伍，就要学会奔跑，在人生的旅途上永远奔跑。

NIKE

第二章　创意空间——
　　　　想做就去做

NIKE

第一节 穿球衣的"上帝"

> 无论哪一行，都需要职业的技能。天才总应该伴随着那种导向一个目标的有头脑的不间断地练习，没有这一点，甚至连最幸运的才能，也会无影无踪地消失。
>
> ——德拉克罗瓦

1985年，耐克公司推出了一则电视广告，广告里宛如漫步云端、自在滑翔的飞人，正是后来的篮球巨星迈尔克·乔丹。耐克公司签约篮球新秀迈尔克·乔丹获得了巨大成功，双方的联手成了商业和体育界联姻的成功案例。

这则广告的背景音乐是发动机的轰鸣声，这时，一个篮球运动员穿着色彩艳丽的运动鞋，将脚边的篮球单手勾起，然后带球、快速推进。当引擎的转动接近极限的时候，这个运动员忽然飞身跃起，在空中滑翔了好几步之后，将篮球大力灌进篮筐。全场爆发出热烈的欢呼声，宛如国王的盛大加冕礼。在广告的最后几秒，以慢镜头的方式将乔丹的身形放大，最后停留在他脚上的耐克运动鞋上。这种拍摄的角度明确地告诉观众，正因为迈克尔·乔丹穿的是耐克公司制造的运动鞋，他才能在

运动场上飞起来。

那是一个神奇的瞬间，人类没有翅膀却飞了起来，在运动的力与美的展现中，让人不能再继续安坐在那里，一定也有一种想飞、想跑、想运动的冲动。当然，也有一种想拥有一双让人飞翔的耐克运动鞋的冲动。

合作伊始，耐克公司知道，如果只是简单地将运动鞋命名为"迈克尔·乔丹"，效果不会太好，因为特点不够突出。一天，耐克公司的副总裁罗博·斯图赛尔来到迈尔克·乔丹经纪人法尔克的办公室。两个人说起了运动鞋命名的事，这时罗博·斯图赛尔忽然无意中说出了一个词"空中"，因为他想起了广告中在空中滞留的迈尔克·乔丹的形象，这个形象给他的震撼太深了。

法尔克忽然眼睛一亮，他紧接着想起了"飞人"一词。两个朋友顿时会心一笑，从此这款新产品就被命名为"空中飞人乔丹"。而两个人的灵感不仅仅给这款耐克鞋带来了好运，也让迈克尔·乔丹在NBA赛场上声名鹊起，从此这一霸气十足的称号伴随着迈克尔·乔丹成为赛场上的王者。

迈克尔·乔丹为NBA赛场、为代言的企业究竟带来了多少商机和利润已经无法精确地统计了，不过从一件事情上，迈克尔·乔丹的影响力可以略见一斑。当1993年迈克尔·乔丹宣布退役的时候，他的合作伙伴耐克公司的股票马上应声下跌了许多。

应该说耐克公司与迈克尔·乔丹之间的合作，作为运动品牌与体育巨星之间是有史以来最完美的结合。很难说清楚到底是耐克成全了迈克尔·乔丹，还是迈克尔·乔丹带旺了耐克。就像是中国电影界的传奇导演与第一个以中国国籍获得诺贝尔文学奖的作家莫言之间的合作，不知道是电影《红高粱》确定了作家莫言的地位还是小说《红高粱》成就了导演张艺谋。

据著名的《财富》杂志评估，在世界上，受迈克尔·乔丹直接或间接影响的相关产业高达百亿美元。

"毫无疑问，乔丹使体育产品畅销世界。不夸张地说，他在这方面的影响领先了其他明星100多公里。"知名记者卡特尔指出。

实际上，最初迈克尔·乔丹并不想同耐克公司签约，他在中学时代梦想的运动装备是耐克的竞争对手——阿迪达斯。

耐克公司最初找到迈克尔·乔丹的时候，并没有受到礼遇而是遭遇了闭门羹。更有甚者，迈克尔·乔丹都懒得和耐克公司见面，因为他要代表公牛队参加联盟的比赛，还要代表美国队参加奥运会。作为主力后卫的迈克尔·乔丹有些累了，根本不想同一个名不见经传的厂家谈合作，更不想飞到遥远的俄勒冈州上门签约。

这时候，迈克尔·乔丹的母亲起到了关键的作用，她说："孩子，你是一个新人，人家主动和你谈合作，你至少应该看一看，谈不成也没关系，至少表示对他人的尊重。"

迈克尔·乔丹是一个极其孝顺的人，尽管他一百个不情愿，但是他还是来到了耐克公司总部。有时候一个善意的劝告

也会改变一个人的命运。作为篮球天才，假如不出意外，迈克尔·乔丹一定会成为篮球巨星，他心目中的合作伙伴——运动行业的龙头老大阿迪达斯公司总有一天能向他抛出橄榄枝，可是那毕竟是未知数，所以脚踏实地永远比眼望空中楼阁更有用。

走进会议室的时候，迈克尔·乔丹被眼前的阵势惊呆了，因为在他的眼前，耐克公司的各位高管列队迎接，罗博·斯图赛尔、菲尔·奈特等都和迈克尔·乔丹热烈地握手，菲尔·奈特紧紧地握着迈克尔·乔丹的手，好像是握住了耐克公司的未来一样。

"来的好，来到这里就算对了，因为我们要做的是一致的，你要重新定义篮球运动，我们要做的是重新定义运动鞋。"

迈克尔·乔丹被眼前这个创业者的热情感染了，但随即他又冷静下来了。

"重新定义篮球运动鞋？说起来容易，但是要做到实在是太难了。"

接下来，耐克公司向迈克尔·乔丹展示了他们的诚意。他仍给新秀迈克尔·乔丹开出了丰厚的合同：每年付给迈克尔·乔丹25万美元，合同期限是5年，条件是耐克公司获得迈克尔·乔丹的肖像使用权。

这个合同协议条款实在诱人，一个菜鸟能获得这样多的代言费真不知道耐克公司的管理者怎么想的。不过迈克尔·乔丹的心中还是充满狐疑，因为他知道，自己虽然球打得不错，前景比较好，但也不过是NBA赛场的新兵，他如何能担当得起耐克公司的拳拳期望。并且还有一点也不能忽视，耐克公司也是一个运动产业的新兵，他们之前也没有做运动鞋的经验，与当时如日中天的阿迪达斯公司根本不能同日而语，为这样的公司代言是不是有些冒险。

"要不这样吧，你先回去考虑一下，然后把想法告诉我们。"耐克公司的负责人菲尔·奈特看出了迈克尔·乔丹心中还是犹豫不决，于是决定以退为进，留给迈克尔·乔丹一些思考的空间。

"好吧，我回去再好好考虑一下。谢谢你们的盛情款待。"迈克尔·乔丹虽然说得很客气，但是在内心里一直有自己的算盘：不管你们说什么，反正到最后我还是要和阿迪达斯公司签约。

也不是说迈克尔·乔丹心高气傲，他与阿迪达斯公司之间还是有一定渊源的。在北卡罗来纳大学读书的时候，迈克尔·乔丹就穿着阿迪达斯品牌的运动鞋打比赛，他非常喜欢阿迪达斯的运动鞋。而且那些与阿迪达斯公司签约的都是明星大腕，迈克尔·乔丹充满期待，希望自己有一天能达到那些代言人的高度。因为相信自己的能力，迈克尔·乔丹信心满满，他认为自己与阿迪达斯公司签订一份代言合同只不过是时间问题。

但是通过和阿迪达斯公司的几次接触，迈克尔·乔丹发现

对方并没有多少合作的诚意，而且一直没有与他提出什么具体的合作条款。迈克尔·乔丹还发现，阿迪达斯公司并没有开拓美国市场的野心，他们一直将美国市场看作是一个充满了变数的二级市场。

两相对比，耐克公司的诚意就非常可贵了。一切都不是问题，只是如何合作的事情。耐克公司选择迈克尔·乔丹也不是头脑发热的意识冲动，他们是经过缜密的思考才做出这个决定的。首先，当时耐克公司的股票已经跌到了历史的最低点，已经只有6美元了，比上市时候跌去了近一半的份额。耐克公司只能兵行险招、背水一战了。他们将所有的赌注都押到了迈克尔·乔丹身上，期望迈克尔·乔丹能给耐克公司的营销带来好运气。

迈克尔·乔丹的经纪人法尔克认为，迈克尔·乔丹的巨大影响力还远远没有显现出来，他向那些大公司提出的要求今天看起来毫不过分，他只是恪尽职守地为迈克尔·乔丹工作。在法尔克看来，那些运动产品公司要做的实在不多，他们只要提供运动装备，付出一定的代言费用而已，最后收获最大的还是那些商人。遗憾的是，当时那些大运动鞋公司并没有耐克公司的远见卓识，他们对伟大的篮球天才迈克尔·乔丹的态度都过于冷淡了，这就难怪执着的耐克公司一直不离不弃，最终获得了与迈克尔·乔丹合作的宝贵机会。

即便是耐克公司不断地伸出热情的手，迈克尔·乔丹的态度还是游移不定，毕竟关乎到他的个人利益，迈克尔·乔丹还没有下定决心。这时，耐克公司的一个举动彻底改变了事件的进程。

一天，耐克公司向迈克尔·乔丹和家人赠送了一件非同寻常的礼物——这是一个微型电影，记录了迈克尔·乔丹在赛场的点点滴滴。在一首名为《跳跃》的背景音乐下，迈克尔·乔丹运球、转身、突破、跳投，动作潇洒无比，且气势如虹。迈克尔·乔丹看着耐克公司精心制作的"电影"，他第一次看到了自己在赛场上的表现，这个集锦式的短片，也让迈克尔·乔丹感受到了耐克公司的细致与诚意：一个能用心将这些镜头串联在一起的创意，一定是对自己的才华认可的公司，与这样的公司合作既找到了事业的支撑点，又找到了情感上的归属感。

迈克尔·乔丹看完之后非常激动，马上决定与耐克公司签约。

事实证明，耐克公司的选择是无比正确的。后来，迈克尔·乔丹不仅成为篮球场上的王者，还被誉为穿着球衣的"上帝"。而且，他高超的球技之外，还有桀骜不驯的性格、特立独行的处事风格，这些都成为耐克公司文化的新标签。

迈克尔·乔丹是一个天才，耐克公司则是发现天才的伯乐。

第二节　与上帝对话

> 将自己的热忱与经验融入谈话中，是打
> 动人的速简方法，也是必然要件。如果你对
> 自己的话不感兴趣，怎能期望他人感动。
>
> ——戴尔·卡内基

美国广告学学者西瑞·鲍克夫认为："广告创意就是客观地思考加上天才的表达，而广告的核心理念是单个价值与与众不同的戏剧方式。"

而广告大师奥格威则说："没有好的创意，你的产品就像被暗夜吞噬的航船。而一个伟大的创意则成为改变我们生活的语言，它必须美丽、智慧而疯狂。它也可以让默默无闻的产品变得举世无双。"

耐克公司运用自己所向披靡的广告策略把耐克变成了消费者钟爱的品牌，人们都以穿着耐克运动装备为荣。

香港《信报》曾经做过一个报道，可以作为耐克品牌影响力的反向证明。

美国纽约的一些耐克鞋专卖店的店主，向当局提出了持枪申请，来保护人身的安全。因为近年来，耐克鞋成为新的时尚潮流，很多青年人都渴望拥有耐克品牌。有些贫困区的青少年为了得到一双耐克鞋，甚至不惜铤而走险，走上犯罪的道路。因此，店主只好寻求自我保护。

耐克公司创造了一个"成长神话"：20世纪90年代中期，耐克公司的营业额突飞猛进，股价也一路飙升，从40美元一路上涨到100美元。本来，华尔街的投资者们都没有看好规模不大的耐克公司，认为它没有多少发展的空间。如今，这些精英们大跌眼镜，只好自我解嘲说："看来上帝是存在的，他喜欢创造神话，只是，这一次他出人意料地选择了默默无闻的耐克公司。"

耐克公司的成长神话真的是上帝创造的神话吗？显然并不能归结于偶然或幸运，而是耐克公司的员工们和消费者共同创造的。

"是的，我们的成长是一个神话，也是上帝创造的，不过这个上帝是消费者，更重要的是，我们拥有一个与消费者和上帝对话的渠道——伟大的广告创意……"耐克公司的创始人菲尔·奈特如是说。

菲尔·奈特将这种沟通方式的转变称之为"广告变法"，核心的目标是暗示消费者：谁拥有了耐克鞋，谁就是真的懂得体育文化的人；谁懂得体育文化，谁就拥有了健康的生活方式。耐克公司的最终指向其实还是消费者本身，他们看到了消费者对生命、健康、时尚的诉求，如此一来，耐克公司的宣传必然事半功倍，何况他们一直拥有一支超强的宣传队伍！

1986年，堪称是耐克公司广告变法的元年，耐克公司将宣传重点从杂志报刊等传统媒体，转向了电视广告。在这次变革中，耐克公司不再强调产品的科技含量与优势，而是以一种隐性营销的方式引导消费者。它在广告中采用了著名的甲壳虫乐队的经典歌曲《革命》，充满了反叛的节奏和焦躁的能量。一群穿戴着耐克运动装备的时尚青年在进行体育锻炼……这则广告在消费者心中引发了积极的共鸣，当耐克的竞争对手锐步、阿迪达斯、彪马等意识到新媒体和新创意的重要性的时候，已经为时已晚，耐克品牌已经牢牢地抓住了消费者的心理。

1987年3月，耐克公司发布了一则电视广告，将这种广告变法发扬到了极致，电视广告的基调仍然是由黑白影像剪辑而成的文化拼图。

一群长跑爱好者围绕着煤堆，开始进行绕圈跑步，迈克尔·乔丹从人群中一跃而起，穿着与篮球不搭界的白色网球衫；网球皇帝约翰·麦肯罗脾气正处在爆发边缘的时候，情况发生了突转，近千名运动员一起跃入水中，激荡的水花让人的情绪得到了平复；刚才还在体育馆里挥汗如雨地训练的运动员，来到了市区的沥青路面开始晨练；最后是一个咿呀学语的孩子，正在张开双臂，试图蹒跚着站起来，向前走路，摇摇晃晃的身子刚要倒下，又向前迈出了一小步，这一步正是耐克公司陪伴着消费者走出的。这是一则让人目眩神迷的广告，最后的那一瞬间既柔情似水又寓意深刻。

耐克公司的这则广告，充分运用了电影的拍摄技巧，以运动蒙太奇的方式将诸多形象进行剪辑拼接。让人耳目一新的是这些公众熟悉的明星都离开了自己熟悉的领域，其背后的意义当然是表示耐克运动鞋给消费者带来了巨大的改变。而且这些不同的形象都指向了同一个主题——新形象、新面貌。虽然整个广告没有只言片语说出"革命"一词，但是画面已经准确无误地告诉消费者：不仅耐克能带给消费者重大的改变，而且耐克自身也要求新求变。

在观念的挑战中，耐克公司、耐克品牌备受关注，耐克迅速成为大众运动的文化标志，不分年龄、性别与职业的消费者蜂拥而至。

进入新世纪以来，耐克公司十分注重网络媒体的作用，于是，耐克公司的知名度节节高升，耐克公司的传播公关居功至伟。尼尔森调查公司对传统媒体和新社交网站进行了品牌分析，结果显示，耐克公司已经成为世界最知名的运动品牌公司。

和创造世界名牌的人

一起放飞梦想

Let the dream fly

第三节 用运动去改变

知道事物应该是什么样，说明你是聪明人；知道事物实际上是什么样，说明你是有经验的人；知道怎样使事物变得更好，说明你是有才能的人。

——狄德罗

抓住每一个改变的机会，关注每一个改变命运的人，这是耐克公司不变的法宝。

在网球的赛场上，一直是欧美选手垄断冠亚军，直到有一天，中国人李娜打破了欧美选手对这个项目的垄断，证明黄种人也可以在这个体育项目上有所作为。耐克公司这时不失时机地推出了一项活动，这个活动的主题就是"用运动……"。这个省略号，可以引人以无限的遐想。

当一个个挥汗如雨的瞬间定格的时候，当每一个普通人想用运动改变命运的时候；当你在赛场上跌倒，脸上却有着坚毅的表情的时候；相信每一个人都会感同身受，体验到运动带给每个人的感动和激情。每个人都想拥有健康的身体，大家也都知道健身的好处，但是很少有人坚持到底，耐克公司企业文化的核心价值，就是想创造一个全民健身的世界，在这个世界里，没有人为不能健身找借口，也没有场地的限制，更没有终点。

真正好的广告不在画面的奇幻，也不在明星的影响，而在于能否拨动观看者的心弦，这一点，耐克公司的广告做到了。

在耐克公司的宣传中，我们看到了进取、坚持、永不止步。篮球巨星科比·布莱恩特在训练场上汗水浸湿了训练服；跨栏选手刘翔在一次次地练习起跑的技术；法网的新科冠军李娜在一遍一遍不厌其烦地练习最简单的挥拍动作；女子沙滩排球运动员薛晨和张希在沙地上一次次地翻滚练习救球的动作；还有滑板冲浪选手，为了练习一个简单的动作而被一个又一个的海浪所吞噬……这则广告，并没有出现鲜花和掌声，也没有暗示辛劳的训练和冠军之间有着必然的联系。那么，这些人为什么还要一遍一遍地重复最简单的动作呢？显然，耐克公司的用意是让大家更加关注运动本身的魅力。运动，不是金牌效应，甚至也不是功成名就，而是在最细枝末节的地方，挖掘自身的潜力。耐克公司的广告告诉大众一个真理：如果你重视了细节，你就有可能足够伟大。

接下来，耐克公司的广告对准了青少年，以怀旧的镜头感告诉大家，我们的改变可以从青少年就开始。先是出现了一片静穆的校园场景，这种近乎压抑的场景正是马上就要到来的运动狂欢的前奏。果然，随着校园广播里传来的运动口号，青春靓丽的青少年开始拥向操场，开始了运动改变生活的乐章。

几个女孩梳着马尾辫，开始同男孩子一起练习篮球；而足球的追风少年则利用课间短短的十分钟练习过人和射门技术；跳水馆里，一次次冲向碧波的孩子；还有体操馆里，每次跌倒都笑着站起来的姑娘。这些青春的符号超越了性别和年龄，无一不在暗示大众：青春无敌，运动可以改变的不仅仅是一个人的身体，更是一个人的心态。通过运动，每个人都有了勇往直前的信念。

用运动去改变什么？相信有一千个人就会有一千种答案。这时候，耐克公司巧妙地将答案融入到几个极具典型性的人的身上。我们可以通过他们的回答，体会到耐克公司倡导的健康人生的理念。

钢琴师刘伟，是一个失去双臂的小伙子，但是他学会了用脚弹奏钢琴，面对着镜头时，这个坚强的男人从容淡定地说："运动是支撑我走下去的强大动力。"

事实也的确如此，刘伟从一个根本没接触过游泳的人，仅仅用了三年的时间，就将自己训练成全国残疾人游泳锦标赛的冠军。

"我曾经一度消沉，认为人生是一条没有航标的旅行，但是现在完全不同了，我找到了奋斗的目标，是运动让我重拾了生活下去的信心和勇气。"刘伟说。

刘伟的改变，正是运动带给那些弱势群体的改变，他们不希望社会仅仅是同情他们，他们也渴望得到社会的承认和尊重。或许，他们先天遭受到了不公平的待遇，而运动，让每个人都平等地站在了起跑线上。我们每个人都没有选择出身的权利，但是有选择不一样生活的权利。

"我又回来了，用运动宣战！"这是飞人刘翔告诉我们的故事。这个曾经在跑道上伤退的悲情英雄，并没有被耐克公司抛弃、遗忘。相反，耐克公司发现，在饱受伤病困扰的刘翔身上，依然体现着体育的精神和价值，甚至比那些冠军选手更有励志的意义。伤病是刘翔最大的敌人，但如果一个人能克服这个最大的敌人，重新回到赛场上，无论结局如何，这本身就是一次伟大的胜利。

"用运动改变一切，成就新的高度！"这是李娜的宣言，这个个子不高却脾气火爆的湖北妹子，凭借精湛的球技和顽强不屈的毅力，创造了亚洲网球的历史。当夺冠之夜，李娜成就大满贯的时刻，耐克公司马上抓住了商机，开始了轰轰烈烈的"娜式营销"。不过耐克公司传递的不仅仅是所谓的品牌效应，更想通过"用行动……"的活动，来向社会传递一些正能量。

当先天条件并不出众的人，通过运动改变了一切的时候，或许，正是每一个人应该出发的时候，不运动的借口有千千万万，而运动的理由只有一个：我要改变。

第四节　奥运擦边球

> 从智慧的土壤中生出三片绿芽：好的思想，好的语言，好的行动。
>
> ——希腊谚语

在伦敦奥运会举办之前，耐克公司输给了老对手阿迪达斯公司，阿迪达斯公司成为伦敦奥运会鞋类主赞助商。作为奥运会顶级赞助商，阿迪达斯公司无疑占据了天时、地利、人和，而耐克公司明显处于下风。

不过随着耐克公司一则广告的推出，形势发生了惊天的逆转。在伦敦奥运会期间，甚至出现了这样一个局面，很多人根本不知道奥运会鞋类的主赞助商是谁，大家的眼球都被耐克公司富于哲理的广告所吸引，而阿迪达斯公司以重金获得的赞助商地位，轻易地被耐克公司的一则广告击败了，人们将之称为艺术对金钱的胜利。

伦敦奥运会前夕，耐克公司的全球广告片首先在社交媒体上放送预热。在奥运会开幕式的当天，正式在全球25家电视台播放。不过，耐克公司打了一个擦边球，他们自始至终也没有说这个广告片是不是奥运会的宣传片，不过观众大多心知肚明，因为虽然没有明说这则广告和奥运会有直接的关系，但是聪明的耐克公司广告宣传部门选择了种种意象来暗示这则广告的奥运色彩。

在广告中，镜头所到之处，往往带有伦敦字样，比如伦敦广场、伦敦酒店等，世界各地的青年来到带有伦敦标志的地点，大家来证明一个命题——到底什么才是伟大的精神？

广告中，耐克公司以一种布道者的口吻，告诉那些准备投身到体育运动中去的人，伟大，是一个不限时空，不限身份的词汇。对于这种充满了人生智慧和正能量的词汇新解，伦敦奥运会组委会也无可奈何，毕竟，不能阻止一个有社会责任感的公司宣传体育精神吧？人家也没说宣传自己的产品，而是在宣传体育精神。

在这次宣传活动中，耐克公司还充分运用了社交媒体的优势，鼓励网友们在媒体中书写自己对伟大的理解，并支持视频的拍摄。为了支持这项活动，他们甚至在奥运会开幕式的当天，在腾讯和新浪首页购买了一个整版的篇幅，来宣传自己的营销方案。让平民书写自己对伟大的理解，正好与耐克公司认定的"每个平凡人也有伟大之处"的理念相吻合。

耐克公司的广告营销十分独特，耐克品牌设计与推介总裁霍夫曼说："我们的目的很简单，一方面要对运动员伟大的成绩喝彩，另一方面也要为普通人日常的运动精神鼓掌。"

霍夫曼对运动精神的理解其实源自于耐克公司创始人比尔·鲍尔曼的思想，他曾经有句名言——只要你拥有身体，你

就是一个出色的运动员。按照这样的理解，耐克公司将品牌的影响力扩展到普通人的身上。

耐克公司的广告充分运用了蒙太奇的剪切技巧，把大量的信息都抛到观众面前。

首先映入观众眼帘的是一个男子，在健身房中挥汗如雨地锻炼，下一个镜头马上切换到一个橄榄球比赛的现场，一个男孩正在突破对方的防守，撞向底线。这些场景都是日常生活中常见的场景，这体现了耐克公司的文化理念——体育精神无处不在。

接下来，一个女性在练习拳击术，从性别文化的角度暗示大众：赛场并非男性的专利，女性曾经作为社会文化中的弱者，但是在体育精神的感染下，也开始登上了历史的舞台。

接下来，广告又展现了马拉松、垒球、铁人三项等运动的魅力，还出现了穆斯林女子足球队的身影，体育精神不仅超越了性别，还跨越了文化的差异，体现了世界大同的梦想。

广告的高潮出现在最后一幕，一个瘦弱的小男孩正走向高台跳板，这一跳将是他人生中最难以抉择的一跳，男孩要面对的不仅仅是对高台的恐惧，还要面对自我身体的极限。

小男孩经过了激烈的思想斗争，向下纵身一跃，耐克公司的广告也落下了帷幕。这一跃告诉观众，人生不在于你处在什么位置上，而在于你的选择——你选择了挑战，就意味着超越自我的胜利。

在耐克公司的营销对象中，青少年一直是主体。所以在这个微妙的时间播放的微妙短片仍以青少年为主角，因为青年是人生的希望，也是世界的希望。他们有着共同的群体特征，因为年龄的关系，崇拜偶像，崇尚英雄情结，因为尚未获得社会地位，所以他们格外渴望社会的认可和他人的尊重，充满着各种青春的梦想。

有时候会花钱不如会动脑。要获得奥运会的行业主赞助商身份至少要花费上亿美元，阿迪达斯公司为了成为伦敦奥运会顶级赞助商，花费了大量的金钱与人力、物力。但是，耐克公司剑走偏锋，以四两拨千斤的方式赢得了奥运宣传战的胜利。据美国调查公司的问卷调查，在千名受访者中，只有不到25%的受访者，能准确地说出伦敦奥运会名正言顺的官方赞助商，而有近1/3的受访者认为，耐克公司才是伦敦奥运会的主赞助商。

这无疑是一个无比尴尬的结果，对于一个赞助奥运会的品牌来说，这意味着奥运宣传战略的彻底失败。阿迪达斯公司名正言顺的品牌轰炸，却被耐克公司一个广告创意轻易地击败了。

奥运赞助商的规则是行业排他性，也就是说一山不容二虎，既然阿迪达斯公司获得了奥运会顶级赞助商的资格，耐克公司看起来就无计可施了。不过阿迪达斯公司并没有抓住这个千载难逢的机遇，甩下竞争对手，而耐克公司只用了极小的代价，就赢得了这场没有硝烟的战争的最后胜利。

就像耐克公司的广告语所说：

"这里没有盛大的庆典，没有激昂的致辞，没有耀眼的灯光，但这里有伟大的运动员。一直以来，我们只相信伟大是属于少数人的，只属于那些巨星。但其实，我们都可以伟大。这并不是说要降低伟大的标准，而是要提升我们每个人的潜能。伟大，不限地点、不限身份。伟大，属于每一个正在追寻它的人。"

耐克公司虽然不能从正面报道伦敦奥运会，但是并不妨碍它利用赛程，密切联系运动员的表现来传递运动精神。这样，就不仅仅是一种品牌的营销，更是一种和大众的零距离交流，超越了品牌的认知限度，变成了一次声势浩大的公共事件。

耐克公司广告的成功之处恰恰在于，它充分挖掘了人性中的潜能和奋斗精神。很多人将奥运会视为一次欣赏他人表演的节日，自己只是一个旁观者而非参与者。那是巨星们的舞台，和平凡的人没有什么关系，但是耐克公司重新定义了"伟大"一词的概念，认为平凡人也有自己的舞台，只要超越了自我，就是最大的成功。

第五节　伟大的定义

> 有勇气在自己生活中尝试解决人生新问
> 题的人，正是那些使社会臻于伟大的人！那
> 些仅仅循规蹈矩过活的人，并不是在使社会
> 进步，只是在使社会得以维持下去。
>
> ——泰戈尔

耐克公司在伦敦奥运会期间的广告语，只有短短的一句话——活出你的伟大！

虽然广告语短小无比，却含义深刻。耐克公司向世人传递了这样一个观念：我们欣赏奥运会，目的到底是什么？关注的是奥运会宏伟的体育场馆吗？还是运动员创造的优异成绩，以及得到的奖牌？显然都不是，而是更快、更高、更强的奥林匹克体育精神。

"活出你的伟大"系列广告一经推出，迅速成为媒体关注的焦点。耐克公司系列广告的核心就源于一个词——"伟大"。

说起伟大，每个人都有自己的理解，不过多数人将伟大的荣光赋予了那些拥有较高社会地位的人，比如明星宿将、比如

政客巨贾。

"耐克公司想用这次活动告诉世界，伟大一词并不仅仅属于少数人，每一个普通人都可以成为伟大的人。基于这种理念，我们随时追踪赛场上的热点新闻，以普通人的视角诠释伟大的含义。而微博正是一种快速便捷的交流分享的平台，这种点对点的沟通方式，是传统媒体所无法实现的。所以我们采用了微博营销的方式，利用微博的传播，鼓励大家用不同的角度看待成败得失。结果固然重要，但过程本身更有丰富的价值，我们要做的就是激发普通人的潜能。"耐克公司大中华区传播总监黄湘燕说。

除了视角独特的广告宣传片，以及微博营销的方式，耐克公司还发起了在线评选的活动，鼓励大家分享自己的观赏心得，和网友们分享自己的运动故事。这样一来，耐克公司掀起了一场全民总动员，将以往在电视机前观赏比赛的普通人，变成了千万个体育评论员和现场解说、记者，并且利用这些免费的资源，将耐克公司的体育文化观念传播到世界的各个角落。

刘翔是中国田径运动的代表人物，但是在奥运赛场上，他经历了雅典奥运会的辉煌，又有着北京、伦敦奥运会上的折戟沉沙、饮恨赛场。刘翔伤退，一时成为人们谈论的焦点。一些人认为，刘翔作为耐克公司的形象代言人，因为赛场失利，已经失去了他的商业价值。不过，耐克公司出人意料地以人性的角度出发一如既往地支持刘翔。

北京奥运会上，刘翔赛场伤退。耐克公司随即以整版的篇幅，推介旗下的悲情英雄。在刘翔伤退图片旁边，标注上了一句话——爱运动，即使它伤了你的心。伦敦奥运会110米栏比赛结束之后，耐克公司马上在官方微博上写下了"谁敢拼上所有尊严，谁敢在巅峰从头来过，哪怕会一无所获；谁敢去闯，谁敢去跌，伟大敢。"这条充满人文关怀的微博，在一天之内被网友转载十几万次，让大家从一个人性的视角，来看待人生浮沉、成败得失，再一次让人们感动、心动。

羽毛球男单决赛，在中国运动员林丹和马来西亚运动员李宗伟之间进行。林丹经过鏖战，卫冕男单冠军，成就了全满贯的伟业，而李宗伟再次成为悲情英雄，败在了老对手的拍下。

这时，耐克公司将这场伟大的对决定义为一场双赢的比赛——伟大在球场两边。走上冠军领奖台固然值得祝贺，同时，也应该把掌声送给球场对面的失败者。因为在赛场上，只要努力拼搏了，就没有失败者。

耐克公司将关注的目光更多地投向了运动的参与者，官方微博上，以充满哲理性的话语，诠释了不以成败论英雄的体育精神。比如"不上领奖台，也可以一起，高举伟大的旗帜""伟大有时不在于赢得冠军，而在于赢得尊重""他们也许没记住你的名字，但是记住了你的伟大""伟大可以是第一，也可以是第六"，等等。

有些体育项目的结局，往往并不是成功，而是失败，比如举重比赛，比如跳高比赛。即使是最后的冠军，也往往在一个刻度和一个高度上败下阵来。而有些体育项目，则不能完全做

到公平，因为要依靠裁判的裁决。比如跳水、体操等，即使你曾经无比辉煌，但是一个不经意的失误，一次微小的晃动，就可能让你与冠军失之交臂。

中国人往往习惯于"金牌战略"，将更多的鲜花和掌声献给了奥运金牌获得者，但是对没有获得金牌的运动员，往往不予关注，甚至恶语相向，语带嘲讽。耐克公司给大众上了一次生动的体育文化普及课。奥运会结束的时候，更多的网友选择了同情失败者，关注参与者。而不仅仅将目光盯紧金牌榜，将体育回归它的原初状态，不再附加狭隘的民族、政治观念。

"活出你的伟大"系列微博成为伦敦奥运会期间一道亮丽的风景线，人们在欣赏比赛的同时，也关注耐克公司官方微博究竟如何评论。

耐克公司大中华区传播总监黄湘燕说："这些官方评论都是我们广宣团队的原创之作，这个团队由耐克公司数字营销部门的精兵强将组成，我们虽然来自五湖四海，虽然从事不同的行业，但是都能深刻理解'活出你的伟大'的深刻含义。我们随时关注赛场内外，无论成败，都是我们创意的原始素材，我们用最短的时间，最贴切的文字，来诠释体育运动的精髓。"

"活出你的伟大"活动，就是要激励每个平凡的劳动者，去实现一个哪怕是最小的目标。而且，将这种伟大的概念加以延伸，从一个人扩展到一座城，让一个人的超越，变成了一座城的狂欢。"伟大"在于梦想和目标的高远，更在于实现梦想的勇气和态度。如果说赛场上的冠军们，以打破世界纪录为己任的话，那么普通人也可以做到伟大；如果你超越了自身极限的话，那么你就会成为超越自我的成功者。

第六节　现在就做

> 要以感伤的眼光去看过去，因为过去再也不会回来了。最聪明的办法，就是好好对待你的现在，现在正握在你的手里，你要以堂堂正正的大丈夫气概去迎接如梦如幻的未来。
>
> ——郎费罗

"Just do it"，这是耐克公司的一句经典广告语，翻译成中文的意思是"想做就做"，也可以翻译为"现在就做"。

两句意思看似差不多，但是有些细微的差别，前者强调的是梦想和行动的关系，要大家有了梦想还要用行动去支撑；后者强调现在的时态，告诫大家时不我待，青春难再。

耐克公司的广告语总是十分巧妙。短小精悍的句子看似和运动鞋毫无关系，实际上每一次都走向了一个更高的境界——运动不仅仅意味着高科技产品，更意味着永不认输的奋斗精神。

第一个"Just do it"广告播出的时候，广告的主人公是克莱格·布朗，他是一个坐在轮椅上的田径运动员。一个失去了正常行走能力的人，仍然梦想着奔跑，这本身就是耐克公司体育文化精神的最好写照。

克莱格·布朗出现在屏幕上之后，以内心独白的方式出现了白色的广告语——"Just do it"。在黑色的屏幕背景下，简单的字母格外显眼。广告词并没有配画外音，而是以默片的形式，但是谁能不承认此时无声胜有声呢。这则广告一经播出就引起了世人的共鸣，大家都有同样的体会。每个人都有很多计划，如果将世界上每个人的梦想都实现了，世界将变得更加美好。但同时，人类都有惰性，一个忙忙碌碌的小职员，或许每天都有健身的计划；一个肥胖的人，或许每天都暗下决心要减肥，但是忙碌的生活和烦忧的事务，总会打断自己的体育锻炼计划。

这则广告好像是一个无声的号角，号召人马上去锻炼身体，一旦有了梦想，就要马上付诸行动。

其实，"Just do it"并非耐克公司独创，这句话也体现了美国的民间智慧。美国的文化历史不长，但是其现代精神却影响致远。美国精神的生成最早可以追溯到美国人西部拓荒精神。自哥伦布1492年发现美洲新大陆以来，美国的国土不过是一片蛮荒之地，但是经过几百年的拓荒、开发，美国已经成为世界上最发达的资本主义国家。在民用科技与航天军事科技方面，在人文科学方面等，都走在了世界的前列，这一切的获得，都靠的是美国人的精神之源——开拓与创造精神。

几百年来，正是一代又一代的移民潮，向着蛮荒之地开拓的进取精神，才有了美国的今天。而这种开拓精神也成为美国人实现梦想的象征，凝聚成美国人的民族精神。

耐克公司巧妙地利用了这个美国精神，暗示消费者：耐克公司的产品就是美国进取精神的代表，如果你拥有了它，就会帮助你实现自己的梦想。耐克公司认为，真正的成功并不仅仅属于伟大的运动员，即使你只是个普通的消费者，只要你下定决心，坚持不懈地努力，你就会超越自我的极限，获得成功。耐克公司使用了一句简单的广告语，就将一种生命态度融进了运动产品中。

耐克公司的传播策略如此与众不同，如今，已经成为美国文化的一部分，激励着大众实现自己的梦想。

耐克公司创始人菲尔·奈特的一则逸事，或许能成为这则广告最好的注脚。菲尔·奈特本人性情直率、不拘小节。最开始的时候，一心想成为一名出色的田径运动员，在俄勒冈大学读书的时候，曾经创下了一公里4分13秒的纪录，但是这个成绩距离一名优秀运动员，还是有一定差距的。于是菲尔·奈特改变了梦想，他要成为一名体育文化的传播者。

1962年春天，菲尔·奈特从斯坦福大学商学院研究生院毕业，和其他的大学生一样，他也成为面试大军中的一员。面试那天，因为菲尔·奈特前几天身染重感冒，于是吃了点感冒药，昏昏沉沉地睡去。早晨的时候，菲尔·奈特发现自己起来

晚了，他只好着急忙慌地洗漱打扮，想穿得正式一点，给面试单位留下一个好印象。

菲尔·奈特翻出了自己最正规的西装，是一件绿色的方格布西服。然后他翻遍了宿舍，终于找到了一块干净的方手帕，他把它放到了西装上衣的口袋里。

来到面试单位，菲尔·奈特极力让自己的心绪平静下来，他想了想自己在大学里学到的课程，对自己的未来充满了信心。果然，面对招聘者，菲尔·奈特侃侃而谈，不仅正面回答了对方的各种刁钻问题，而且还阐发了自己对体育文化事业的各种理想。招聘单位非常满意，觉得眼前的年轻人就是待聘岗位的最佳人选。

这时候，发生了一件意外，本来双方都很满意，就差签订雇佣合同了，但是菲尔·奈特忽然觉得鼻子不舒服，当他拿出了西装上的手帕，想擦鼻子的时候，菲尔·奈特发现招聘人员瞪大了眼睛，好像看着一个怪物一样盯着他。菲尔·奈特不明就里，等他低下头，才发现手里拿着的并不是手帕，而是一双白色的棉布运动袜。于是，这双不合时宜的袜子，让菲尔·奈特的小职员梦想破灭了，他面红耳赤地逃离了招聘现场。

回来的路上，菲尔·奈特觉得整个世界都塌陷了，自己成了斯坦福大学的笑柄，将要面对同学的各种嘲笑。不过，转念一想，菲尔·奈特又笑了，他觉得这或许是冥冥中注定的暗示吧：自己注定不能给别人打工！要从事和体育有关的事业，就靠自己吧！

菲尔·奈特攥紧了拳头，不停地给自己打气：

"你或许不是一个出色的运动员，或许不是一个合格的小职员，但是你一定会实现自己的梦想。"

从此，这个世界少了一个循规蹈矩的小职员，多了一个野性十足的创业者。20年后，菲尔·奈特成就了自己的耐克帝国，他向世界大声地宣布：你一定会成功，只要你现在就做。

第七节　人生就是全力以赴

> 懒惰是很奇怪的东西，它使你以为那是安逸，是休息，是福气；但实际上它所给你的是无聊，是倦怠，是消沉；它剥夺你对前途的希望，割断你和别人之间的友情，使你心胸日渐狭窄，对人生也越来越怀疑。
>
> ——罗兰

耐克产品的第一位代言人是美国最著名的长跑选手史蒂文·普瑞方坦，他也是经典电影《永无止境》与《阿普正传》的原型。

史蒂文·普瑞方坦的生命并不长，只活了短短的24年，而且他也没获得过世界冠军，但是美国人都认为史蒂文·普瑞方

坦是美国精神的象征。每一个热爱体育运动的年轻人都以史蒂文·普瑞方坦为榜样，因为他短暂的生命中创造了一个美国式的神话。

具有传奇色彩的是，在史蒂文·普瑞方坦短短的5年职业生涯中，没有一个美国长跑运动员能挑战他。史蒂文·普瑞方坦为人称道的并不是运动成绩，而是他独特的奔跑方式——一旦进入跑道，就要全力以赴地奔跑。大家知道，在长跑运动中，最常见的战术就是跟随战术，先是跟在大部队中向前奔跑，因为这样可以节省体力，跑在最前面的人，往往要承受更大的阻力，需要消耗更大的体力，最优秀的长跑运动员的战术往往选择在最后一圈才开始发力。

不过在史蒂文·普瑞方坦看来，猫在队伍中间，然后再突然冲出来，无异于是一种懦夫的行为，他说了一句最著名的话："我的身上并没有什么特殊之处，我能打败对手的最大秘密，不过是我比其他人更能承受巨大的痛苦而已。"

史蒂文·普瑞方坦的"不要命"战术，被美国人视作是一种有血性的英雄壮举。当他出现在竞技场上的时候，他总是能赢得赛场上最热烈的掌声，因为大家知道，一个美国英雄即将登场。史蒂文·普瑞方坦个子不高，身形瘦削，但是留着长发的脸上透露着坚毅的神情。

"很多人看比赛，是为了看谁能跑得更快，我有些不同，在我看来，一个运动场上的王者不一定是跑得最快的那个，而是在运动场上最有勇气的那一个。我就要做最有勇气的奔跑者。"在一次比赛之前，史蒂文·普瑞方坦向媒体介绍了自己的运动哲学。

一旦来到赛场上，史蒂文·普瑞方坦则永远跑在最前面，这是一种完全不科学的运动方式，不仅不节省体力，还容易产生疲劳感。但是史蒂文·普瑞方坦完美地诠释了体育精神的精髓——只要你拥有足够的才华和勇气，即使你不能从头到尾保持第一名的位置，但至少，你曾经不顾一切地奔跑过，这就是体育的魅力所在。

史蒂文·普瑞方坦作为美国历史上最著名的长跑运动员，曾创下从1000米到10000米之间的全部（七项）美国长跑纪录，这一壮举至今无人能打破。

史蒂文·普瑞方坦在俄勒冈大学读书期间，师从传奇教练比尔·鲍尔曼。在大学的训练场上，他连续四年从未缺席过一次训练和比赛，并且创下了连续20多场赢得比赛胜利的惊人纪录。

在史蒂文·普瑞方坦21岁的时候，他代表美国田径队参加了德国慕尼黑奥运会。第一次参加奥运会的史蒂文·普瑞方坦，并不是一个人在战斗，他的教练是比尔·鲍尔曼，他的运动鞋是耐克公司为他专门设计的。当然，这种设计还显得极为粗糙，不过史蒂文·普瑞方坦也算作是第一位为耐克公司代言的主要运动员了。

史蒂文·普瑞方坦在赛场上依然个性十足。发令枪一响，他就如离弦之箭，奔跑在队伍的最前面。本来比尔·鲍尔曼给他设计的战术是先尾随队伍，然后在最后一圈突然发力，但是早已习惯了全力以赴的史蒂文·普瑞方坦，忘了教练的嘱咐。在还剩下四圈的时候，一直领跑的史蒂文·普瑞方坦开始加速冲刺，最后因体力分配不科学，只获得了第四名。锋芒毕露的史蒂文·普瑞方坦没能赢得金牌，但是他更符合体育运动精神的竞技态度，赢得了世人的尊重。

回到国内，经过痛定思痛的反思，史蒂文·普瑞方坦决心重新开始，将目标瞄准了四年之后的蒙特利尔奥运会。他决心参加5000米比赛，要力争跑进12分36秒。遗憾的是天妒英才，在一次晨练的过程中，史蒂文·普瑞方坦不幸遭遇车祸，意外身亡，年仅24岁。

史蒂文·普瑞方坦的去世，让他的教练，也就是耐克公司的联合创始人比尔·鲍尔曼感到悲伤不已。这位热衷于体育运动的教练兼设计师，曾经将耐克著名的华夫鞋交给得意门生史蒂文·普瑞方坦，帮助他在赛场上连连取得佳绩。比尔·鲍尔曼有句话既是说给天国的史蒂文·普瑞方坦听的，也是说给大众听的：

"只要你拥有身体，你就是一名运动员，只要这个世界有运动员，耐克就会永远存在。"

这句名言，也成为耐克公司的核心理念。正如耐克公司的第一个运动代言人史蒂文·普瑞方坦一样，人生就是一次全力以赴的奔跑，胜败已经不重要了，只要你有勇气站在起跑线上，然后，开始奔跑。

第八节　没有脚也能奔跑

> 没有谁比从未遇到过不幸的人更加不
> 幸，因为他从未有机会检验自己的能力。
>
> ——塞涅卡

奥斯卡·皮斯托瑞斯，也是耐克公司的形象代言人。特别的是奥斯卡·皮斯托瑞斯是双腿截肢的残疾人，他靠着义肢参加短跑比赛，是男子100米、200米和400米残疾人短跑世界纪录的保持者。人们把奥斯卡·皮斯托瑞斯称为"刀锋战士"、世界上跑得最快的无腿人。

伦敦奥运会上，奥斯卡·皮斯托瑞斯创造了人类运动史上的纪录，第一次有一个残疾人和正常人同时站在赛场上，公平竞技。

"毫无疑问，这是我一生最美妙的经历，真的是百感交集。"奥斯卡·皮斯托瑞斯在晋级半决赛之后，激动地对媒体说："人生就是一次充满了梦想的旅行，我现在想的，就是尽情享受这一时刻，同时也愿和我的朋友们分享，我想告诉那些仍然处于困境的人，坚持下去，总会有奇迹。"

一天，一个赞助商在卡塔尔举办了一场别开生面的比赛，让奥斯卡·皮斯托瑞斯与一匹叫作玛莎拉蒂的纯种赛马赛跑。这是一场别开生面的比赛，开始的时候，很多观众表示不理解，认为这是一次商业宣传，但奥斯卡·皮斯托瑞斯不这么看，他认为这次人与马大战，是一次挑战自然极限的比赛。奥斯卡·皮斯托瑞斯参赛的目的，就是唤起大众对残疾人生活的关注，同时推动残疾人参加体育运动，抗议对残疾人的生理歧视。

比赛开始了，发令枪一响，"刀锋战士"就冲了出去，但是玛莎拉蒂并不听话，耽误了几秒。于是奥斯卡·皮斯托瑞斯就利用这个机会，一"人"当先，最终以较大的优势赢得了比赛的胜利。

"刀锋战士"心中始终有个梦想，让所有的残疾人都能和正常人一样，参加体育锻炼和体育比赛，因为奔跑是人类生而有之的权利。事实上，很多人都看到了"刀锋战士"奥斯卡·皮斯托瑞斯在赛场上叱咤风云的一面，但是又有谁会想到，每次比赛的时候，安装义肢的部位都会因为剧烈的摩擦而发生溃烂，回到家里他经常疼痛难忍。不过奥斯卡·皮斯托瑞斯仍然坚持参赛，正如他对媒体讲的：

"我坚持运动，坚持参赛，并不是因为我爱慕虚荣，我更不害怕失败。因为在我心里，失败者的定义并不是那个跑在最后的人，而是那些一开始就放弃了竞争的人。"

奥斯卡·皮斯托瑞斯戴的一款假肢产品，是目前世界上最先进的假肢，很难控制且价值不菲（价值1.5万英镑），全世界只有不到300人拥有这项高科技产品。奥斯卡·皮斯托瑞斯的"刀锋"由几十层碳素纤维组成，重量不到10磅，为了更适合奔跑的需要，在"刀锋"的脚跟上还加了一条耐克运动鞋的鞋底。

这款"刀锋"义肢是奥斯卡·皮斯托瑞斯2004年得到的，一直用了近十年。

"实话说，我只有这么一副老伙计，要是它不行了，我也不行了。"奥斯卡·皮斯托瑞斯说，"现在对我的评价很不公平，很多人说我穿上了'刀锋'占了高科技的便宜，但是，我的腿上并没有感知器官，更没有减震的跟腱，所以我的成绩，更多的应该归功于艰苦的训练。义肢就是我的腿，耐克公司的鞋底，就是我的脚。"

耐克公司认为奥斯卡·皮斯托瑞斯是励志的典型，很多健康的人轻易地放弃了健康之路，而奥斯卡·皮斯托瑞斯作为一个失去双腿的人，却能自强不息，勇于挑战自我。更重要的是，奥斯卡·皮斯托瑞斯还希望能唤起全社会对残疾人士的关注。

耐克公司的广告片中，"刀锋战士"站在起跑线上，做出全力以赴奔跑的姿势，文案写道"我是一颗子弹"，意在表现一个残奥会冠军希望在最高的运动殿堂展现速度和力量的决心，这也正是耐克公司企业文化中丰沛的人文情怀的体现。

奥斯卡·皮斯托瑞斯激动地说："我没有腿和脚，但是耐克让我实现了奔跑的梦想，我会永远跑下去。"

第九节　创意的黄金定律

创新应当是企业家的主要特征，企业家
不是投机商，也不是只知道赚钱、存钱的守
财奴，而应该是一个大胆创新敢于冒险，善
于开拓的创造型人才。

——熊彼特

耐克公司的品牌战略，始终坚持一种文化理念——人类运
动的目标，是挑战自我的体育精神。而广告则是最直观、最形
象的品牌宣传载体。

总结几十年耐克公司的广告创意，可以发现耐克公司创意
有几大黄金定律：

定律一：运动之外的较量

耐克公司和飞人迈克尔·乔丹紧密地联系在一起，凭借
着迈克尔·乔丹的巨大影响力，耐克仿佛成了篮球运动装备的
代名词。而迈克尔·乔丹也将耐克的公司文化内涵发扬到了极
致——运动就是追求卓越、勇攀高峰。让其他品牌感到"绝
望"的是，耐克公司已经成为篮球运动的专属品牌。篮球也就
不仅仅是一个球而已，随着NBA篮球联盟的崛起，耐克进而成

为一种美国文化符号的象征。

篮球被运动员的大手抓到手心里，同时，观众也会注意到，篮球赛场也被耐克品牌踩在了脚下。

定律二：会思考的运动品牌

耐克公司始终注重与青少年之间的交流，它在广告中有一句独白，表达了对青少年的关注：

"年轻人是现在，更是未来，如果一个社会不相信年轻人，就是一个没有未来的社会，至少，是残缺的社会。"

耐克公司在1997年推出了系列广告，阐发了自己的思想。这则广告运用了纯色系的黑与白，在光影分明的背景下，一组青年人的脸成为屏幕中心的主角，他们或沉静，或热烈，或冷峻，或坚毅。耐克公司在广告中充满新意地不以产品为主角，而是将镜头对准了普通消费者，以此来暗示消费者，选择耐克的人，往往是能够思考的成熟的人，是社会的栋梁之材。

定律三：奔跑无止境

一则耐克公司的广告文案同样令人拍案叫绝。它将耐克产品的使用期限，延伸至人离开人世之后。暗示着耐克的魅力是永恒的，不受时间的限制。

这则由伦敦一家广告公司设计的文案，使用了惟妙惟肖的卡通形象，画外音说：

"活着的时候，我们选择了耐克，尽情奔跑吧，不要担心后世的事情，因为你的灵魂也会穿着它悠闲地散步。"

这个创意充满了含蓄节制的英式幽默，它背后的潜台词是：耐克鞋无论怎么穿，无论何时穿，都会让你无比舒适。

定律四：励志者生存

耐克公司将品牌不仅仅定位为专业运动品牌，更将大众运动与大众文化结合起来，让普通消费者也享有与职业运动员一样的运动装备。

耐克公司在一则广告里，先是设计了一场瓢泼大雨，在满是泥泞的山路上，自行车运动员在英勇无畏地前行，引领他的是永不服输的勇气，更是征服自然、超越自我的精神，这时画外音不失时机地响起来了：

"寒风刺骨在哀嚎，放弃吧；狂风在怒吼，回去吧。而你的运动装备则提醒你，坚持下去，迎接新一天的曙光。"

耐克的标志，自始至终不是文案的重点，而是让产品表达了对用户的鼓励和支持。生命中，难免会遇到霜风剑雨，如果以一种平和的心态去面对，以一种积极的态度去努力，就会有风雨之后见彩虹的灿烂笑容。文案中，耐克公司始终没有什么说教与自我表白，而是在自然的画面中传递了企业的价值观念。

定律五：超越自我

耐克公司的广告创意中，恪守着想象力至上的创意原则，往往能在日常生活中挖掘一些看似不可能完成的任务，然后暗示消费者：耐克产品可以帮助你完成你的梦想。

美国历史上最伟大的七项全能、跳远选手杰西·乔伊娜·柯西，曾经六次夺得奥运会金牌，也是七项全能历史上第一次突破7000分的女子选手。这样一个伟大的运动员在日常生活中也有感到无助的时候。杰西·乔伊娜·柯西作为一个运动员，最担心的就是在赛场上不能征服新的纪录。这时，画面上出现了耐克的标志，暗示着杰西穿上了神奇的耐克鞋，增添了无穷的力量，终于跨越了看似不可能完成的纪录。

运动项目就是让人们征服自然，战胜自我，那些看似不能完成的目标，在耐克的帮助下，会实现终极跨越。

定律六：年龄不是问题

运动并不仅仅是男性的专利，女性也有运动的权利，运动也不仅仅是年轻人的专利，老人也会意气风发，只要你穿上了神奇的耐克鞋。

画面上一个老婆婆在矫健地奔跑。

"已经80岁的她，别人说她只有一次大显身手的机会，但她并不这么看，她说自己才刚刚开始。"

追求健康、珍爱生命，是人类的普遍追求，并不分种族、年龄、性别。耐克公司的创意并没有因为主人公仅仅是一个老婆婆，而显得滑稽可笑，相反，体现了一种对生命的尊重。

生命不息，运动不止。

定律七：反向思维

深夜，郊外。一个孤独的奔跑者。旷野荒凉，明月枯枝。一个宛如梦境一般的画面，这时画外音响起来："记住，不是你害怕狼，而是狼害怕你。"恐惧，是人类正常的心理反应，在日常生活中，我们经常遇到一些无法逾越的心理障碍，这时候，需要我们直面现实的困境。

耐克暗示消费者，当你无助的时候，当你感觉坚持不下去的时候，耐克品牌总会陪伴在你身边。这时候，暗夜中也会有光芒，指引你前行的路。

定律八：永不言败的精神

一个运动员倒在了赛场上，伤痕累累。这时，耳边响起了广告语："我爱橄榄球"。画面的背景采用了耐克公司广告常见的黑白配色，在朴素的背景下，凸显了主人公脊背的伤痕，这个充满了阳刚之气和雄性魅力的画面定格，让观众体会到：拥有了耐克品牌，你就拥有了永不言败的勇气。

定律九：选择的魅力

对比的方式，是广告创意的重要手法，显示了思想的丰富性和包容性。在耐克的广告中，经常可以看到运动和不运动两种生活状态的对比。一个是动态的画面，显示了生命的活力，一个是静止的画面，显得枯燥乏味。

耐克公司并没有直接说要选择运动的方式，因为，运动还是不运动，都是人的自由选择。但是耐克公司运用画面的对比，暗示大众运动的优越性，自然而然地引导消费者选择运动，就是选择健康，而选择耐克，就是选择了正确的生活方式。

耐克公司的创意思想，显然不能以简单的几条定律来概括。从耐克公司成立至今，它的广告宣传，几乎部部都堪称精品，它们从不进行直白的宣传和说教，而是以画面和文案向观众传递人生的正能量。

　　一个优秀的公司品牌战略，必须是持久的，必须是有灵魂的，必须是有思想的。耐克公司的成功不仅是其在产品质量上的保证，重要的是公司文化内核里对人的尊重，对生命的尊重。

NIKE

第三章　创新厨房——会
思考的运动鞋

NIKE

第一节 梦中诞生的胜利之神

> 天才，百分之一是灵感，百分之九十九是汗水。但那百分之一的灵感是最重要的，甚至比那百分之九十九的汗水都要重要。
>
> ——爱迪生

1971年，菲尔·奈特认为蓝带体育用品公司已经走到了尽头，如果没有核心产品，只是代销别人的产品的话，永远只是别人的奴隶，当"主人"想要驱逐你的时候，只能灰溜溜地走掉。

菲尔·奈特下定决心，要闯出一片属于自己的天地，他将公司发展的第一站选择在亚洲市场。

为了树立自己的品牌和产品形象，菲尔·奈特想为公司取一个响亮又容易记住的名字。他绞尽脑汁，冥思苦想了几天，终于想到一个自认为绝妙的名字——六度空间。这个看起来更像科幻小说的名字其实包含着奈特的雄心：他的理想并不仅仅限于运动鞋市场，他想从上下前后左右六度空间为人们提供全方位的服务。

菲尔·奈特为自己想到的名字激动不已，他马上召开员

工大会，宣布了这项决定。菲尔·奈特得意扬扬地宣布完这个新创意，他激动地等待着员工的欢呼和祝贺。没想到，事与愿违，就好像一粒石子投入古井，下面毫无反应。这一情景出乎菲尔·奈特的预料，连他唯一的全职员工杰夫·约翰逊都没感到欢欣鼓舞，他仍无精打采地呆坐在那里。

"我说杰夫，这不是一个很酷的名字吗？"菲尔·奈特觉得很不痛快，他没好气地问约翰逊。

约翰逊并没有意识到，这是一个决定一个"帝国"未来命运的重要会议，作为一家小公司的唯一一名全职员工，他并没有觉得菲尔·奈特的想法有什么了不起的，这只是一个平淡无奇的内部会议而已，他甚至觉得菲尔·奈特有些小题大做。

"这个名字，坦率地说，实在是土得掉渣。没看出有多酷。"约翰逊跷起二郎腿，满不在乎地说。

也不知是约翰逊的懒散激怒了菲尔·奈特，还是约翰逊勇于直言的做法触犯了菲尔·奈特的绝对权威，菲尔·奈特勃然大怒，将自己几天来的疲劳和思考，全都归罪于约翰逊的不礼貌。

"好吧，杰夫，既然你说不好，那么你一定会有更好的创意，是不是？"他怒气冲冲地对约翰逊说。

菲尔·奈特的本意是想给约翰逊一个台阶，也给自己一点动力。重要的是如果这个家伙识时务，马上改变他的看法，那么自己的创意就会得到全公司的通过，因为全公司的主要员工就是自己和约翰逊两个人。

没想到约翰逊来了犟劲，他还是一副满不在乎的表情：

"亲爱的老板，我说了，你的想法根本不行，这个名字太难听了，至少让人感到莫名其妙，我们是运动系列的产品，而你的名字像个软绵绵的女人。"

菲尔·奈特被彻底激怒了，他对约翰逊喊道：

"给我闭嘴，你可以羞辱我，但是不能羞辱我的创意。好吧，你有什么好名字，请马上告诉我，现在！"

约翰逊马上清醒了，他本来只是想开个玩笑，而且他平素喜欢读书，可谓博览群书，自然染上一些文人的酸腐气，遇到和文化有关的事情，头脑中的第一意识总要反对别人的看法，好像只有自己才是真正领悟文化真谛的人。约翰逊清醒了许多，可是已经来不及道歉了，因为奈特下了最后通牒：

"杰夫，你必须给我一个新名字，不仅如此，还要说出比我的名字究竟好在哪里，给你的时间不多，只有十二个小时。"

菲尔·奈特的话，就是最后的命令。约翰逊表面上满不在乎，实际上他也感到很棘手。回到家里，他还是想不出一个更好的名字，眼看着规定的时间就要到了，他的脑子里仍然一片空白。即使喝了一打啤酒，他平素的灵感也并未如约而至，或许是酒精的作用，他竟然昏昏睡去。

不过，或许是天意如此，进入梦乡的约翰逊，竟然梦到了希腊神话中的胜利女神向自己走来，掌握胜利的女神Nike给约翰逊带来了好运气，这个向他款款走来的美丽女神，仿佛要对他说出什么人生的秘密。约翰逊正想向她讨教产品名字的问题时忽然醒了，这时他才发现刚才不过是南柯一梦。胜利女神并没有告诉自己该如何做，不过他灵光闪现，胜利女神Nike本身就是一个绝妙的名字啊。

热爱美女和文学的约翰逊，给菲尔·奈特带来了一个梦中的名字，真有些冥冥中注定的意味。当然，当他向菲尔·奈特提出自己的新想法的时候，菲尔·奈特也报了一箭之仇。他并没有表现出特别的欣喜，只是淡淡地对约翰逊说：

"这个比我那个强在哪里啊？"

约翰逊已经被自己的梦境彻底征服了，他越想越觉得自己的创意真是天作之合，于是他滔滔不绝地向老板介绍起来：

"我们的产品是让运动成为一种新的生活方式，而运动精神的核心，就是获得胜利。不管你是在竞技场上，还是面对那个过去的自己，只要你运动，就意味着一种超越。所以，胜利之神会保佑我们，还有选择我们的消费者。"

菲尔·奈特也不禁暗自佩服约翰逊的创意，但是不知道是不是曾经受到约翰逊奚落的缘故，菲尔·奈特并没有马上使用这个名称，而是直到七年之后，当耐克公司的销售额达到一亿美元的时候，他才正式启用了"耐克"这个名字，或许，菲尔·奈特是要用成绩来证明胜利女神的说法名副其实吧。

今天，耐克这个名字，已经成为价值几百亿美元的著名品牌，有谁能想到，这个堪称无价之宝的品牌名称，竟然来自一个小职员的一次梦境。看来，每个人都是重要的，人生的每个时刻都是重要的，我们没有任何理由放弃自己的哪怕最卑微的想法和创意。

第二节　它不仅仅是一个对号

> 你的钟声只有在齐鸣时才能听见，在单独鸣响时，只会淹没在那些旧钟的一片响声里。
>
> ——高尔基

耐克公司的商标图案，堪称是世界上最有辨识度的标志之一，为耐克的品牌认知度和价值度增色不少。当然，耐克品牌的巨大知名度，还要归功于它无所不在的宣传。耐克公司的广告预算高达其年营销额的十分之一，如此密集的视觉营销轰炸，消费者想不记住那个弯弯的图案都不容易。

在一个形象代表一切的世界里，耐克标志在世界范围内都有广泛的认知度。要了解耐克公司的企业文化，对于其标志的了解是必不可少的，因为它是让耐克品牌变得无所不在的一个商业标志。由于实在太知名，以至于后来在耐克公司的广告中只见到耐克的标志，干脆省略了公司的名称，因为他们有充分的把握，人们看到这个符号就会知道这是耐克，无须出现只字片语。

耐克公司的商标为"NIKE"，它的英文原意是胜利女神，也代表着运动员在赛场上不断赢得胜利的寓意。"NIKE"这个名字，发音响亮，消费者容易拼读，更容易记忆。

其实，特立独行的菲尔·奈特当初并没有看好耐克这个名字，不然的话他就不会在时隔七年之后，才正式启用这个朗朗上口的新名字了。看起来，他还是对自己那个"六度空间"的名字情有独钟，但是菲尔·奈特的本事正在于此，既然大家都觉得"耐克"这个名字，比那个听起来莫名其妙的"六度空间"更顺耳，他也就不再坚持自己的主张了，可谓从善如流。

耐克公司的商标图案很简单，就在英文名字的下面加一个小勾，象征着希腊胜利女神的羽翼，代表着轻柔与动感、力量。图案造型简单而不失轻盈，让人一下子联想起多重象征意义。有人说这个造型象征着闪电的力量和速度，具有强大的爆发力，也有中国消费者认为代表着对号，很多参加高考的考生，在考场上要穿上耐克鞋，认为这个图案会为自己带来好运气……

耐克公司把这个"小勾"商标叫作"Swoosh标识"，Swoosh标识首先是个象声词，好像"嗖"的一声，宛如离弦之箭一样，充满了速度感和力量感。其次，它也是一只鞋的抽象画法，这个标志好像是飞机在蓝天白云下划过的痕迹。最后，这个标志还是英文单词胜利的首字母，是世界通用的表示胜利的手势。

耐克公司对Swoosh标识的阐释是：这就是我们独特的符号和声音，这就是为什么我们要使用它、谈论它的原因，它能告诉大家我们是谁，我们能做什么。

耐克公司的Swoosh标识还是学校里，老师们批改作业时常用的符号——对号。代表着正确无误的意思，也暗示着耐克公司的理念和产品是正确的，是充满自信的正能量，选择了耐克公司的产品就是选择了一种积极向上的人生态度，一种用于向前去争取胜利的奋斗精神。

金子发光之前都被掩埋在泥沙之中，耐克公司的标志性对号也有这样一个去尽泥沙的过程。现在的耐克公司将自己的Swoosh标识，诠释为速度和动感，不过最初的时候，耐克公司也没有拿这个LOGO设计当回事。

菲尔·奈特最早创立的蓝带体育用品公司，有些皮包公司的嫌疑。在得到一个自己并不很满意的名字之后，菲尔·奈特也像其他的山寨公司老总一样，想找一个设计系的大学生，随便给点辛苦费，设计一个公司的LOGO。因为当时的条件有限，根本没有钱请那些知名的设计师策划自己的品牌形象。

不过这次菲尔·奈特再次误打误撞地找到一个天才设计师，看来好运总是在菲尔·奈特一边。1971年，波特兰州立大学一位平面设计学生，一个名叫卡洛琳·戴维森的女孩，承担了为名不见经传的耐克公司设计LOGO的重任。

卡洛琳·戴维森初出茅庐，并没有什么束缚，更不懂什么陈规定律。她首先将耐克的英文字母设计为花体字，这无疑是每个女孩都喜欢的小清新字体，然后，她以一个对勾——这个看似漫不经心的神来之笔，斜斜地画在了花体耐克上面。这与其说是一次伟大的创意，倒不如说是一个小女孩天马行空的想象力在起作用。

卡洛琳·戴维森认为，既然是快速、动感，最好用虚影的方式表现它。大功告成之后，卡洛琳·戴维森得到了35美元的报酬，她也没在意，因为，恐怕没有谁会想到这个对号如此的与众不同，以后的价值竟然达到了几百亿美元。

卡洛琳·戴维森后来又在耐克公司工作了很多年，靠着一个天才的创意，成为耐克公司的资深员工。1983年，耐克公司的午餐会上，卡洛琳·戴维森收到了一个令人兴奋的礼物，这次不是"35美元"，而是更大的报偿。卡洛琳·戴维森从总裁的手中亲自接过了自己应得的荣誉：一只金指环。上面镶嵌着钻石以及那个令她声名鹊起的Swoosh标识，还有一份证书，以表彰她为耐克公司的发展做出的不可磨灭的贡献，当然，还有一个大红包，里面是数量不详的耐克公司的股票。卡洛琳·戴维森成了耐克公司的主人之一，因为12年前那个伟大的"对号"。

不过，耐克公司董事长菲尔·奈特对这个LOGO设计，好像也没有表现出太大的热情。或许在他的眼里，重要的是能有一双最酷的运动鞋，至于在鞋上印着什么花样，不过是一件装饰品而已。他说："如果说心里话，我也不是很喜欢这个设计，但是历史不能假设，我高兴地看到，这个设计很独特，我当时选中了它，是因为我相信它会和我们一起成长。"

的确是这样，坦率地说，当时菲尔·奈特也是别无选择。从一件事情上就可以看出创业的艰难，比如，耐克公司第一次大规模销售产品，是在东欧波兰，恐怕没有谁能想象，如今声名鹊起的耐克公司，当时竟然有一条奇怪的员工守则，每个员工最好能邀请自己的亲友参观耐克公司的办公室，以扩大公司的影响力。

现在，耐克公司的影响力已经不可同日而语了，他们对自己品牌的保护也做到了无所不用其极。

一次，耐克公司的副总裁汤普森观看了一场足球比赛，这场在得克萨斯州达拉斯市举办的球赛吸引了成千上万的球迷，汤普森也感受到了运动的激情和快乐，他随着比赛的节奏随着狂热的球迷一起狂舞。但是渐渐地，汤普森就再也笑不出来了，因为他发现了一个奇怪的现象：耐克公司的标志被滥用了。在自动售货机上，在球队的球衣和球鞋以及旗帜上，出现了真伪难辨且大小不一的对号标志。这让汤普森震惊不已，他暗下决心，一定要规范这种无序的状态。

于是汤普森马上召开广告宣传部门会议，在会议上他要求下属规范耐克名称的标准字体，以及Swoosh标识的大小规范。同时，在耐克公司的网站和卖场标志方面，也对标识的尺寸做了统一的调整。

耐克运动鞋两侧的鞋标也在悄悄发生着变化：1978年，耐克的Swoosh标识由虚影变为实际的暗影，位置从花体字的中间挪到了正下方，这样会显得更加突出、醒目。20世纪80年代中期，和飞人迈克尔·乔丹签约之后，又将耐克标志和对号组合放置在一个方块内，形成了虚实相生的美学效果。这个标志也随着迈克尔·乔丹的一飞冲天，成为耐克公司历史上最广为人知的品牌标志。

现在，耐克公司的Swoosh标识已经不仅仅被放置在鞋的两侧，它已经成为耐克公司的形象标识，经常被单独使用，这种去掉文字的做法，显得更为自信，更国际化，因为只有世界知名的大公司品牌，才能在不立文字的情况下，还能被消费者熟知、认识。

最近，耐克公司的Swoosh标识的新变化是，线条更加纤细，富于灵动的气质。不过，无论怎么变化，耐克公司永远和这个伟大的"对号"紧紧地联系在一起。它好像是在告诉那些渴望运动、渴望与众不同的消费者——选择耐克，你就对了。

第三节 创新厨房

> 异想天开给生活增加了一抹不平凡的色
> 彩，这是每一个青年和善感的人所必需的。
>
> ——巴乌斯托夫斯基

耐克公司有一个神秘的设计组织，公司内部将之称为"创新厨房"。

这个"厨房"实际上是耐克公司的创新工坊，由100多位科学家组成，其中有科研开发者、产品设计师、材料学家等。耐克公司认为，创新并不是一件封闭的事业，如果与世隔绝就会产生故步自封的思想，而创新厨房的开辟，让各个学科的科学家在一起研究，就会不时地产生思想火花的碰撞。创新厨房也是耐克公司的产品设计终端，各种异想天开的天才设计正是从这里源源不断地走向世界各地。

耐克公司的创新厨房曾经创造出诸多世界闻名的设计，比如著名的耐克自由系列运动鞋，正是模仿了古人赤脚行走的状态研发而成的。而另一个著名的耐克飞翔系列产品，灵感则来自于一座吊桥的设计，等等，不一而足。

耐克公司篮球产品的设计总监库哈苏说："要知道，这里是耐克公司的核心价值所在，是公司的绝对禁区，即使是最资深的员工也无权进入这里，因为这里的一切，都事关耐克公司未来五年甚至十年的发展规划。"

对于设计师来说，最宝贵的就是稍纵即逝的灵感，而创新厨房成立的初衷也正在于此。厨房的含义是利用各种素材烹饪的意思，而耐克公司的创新厨房，也正是激发设计师灵感的一间独特场所。这里装修风格极为繁复，各种风格迥异的设计被挂到墙上。这里有古董级的老式玩具，有造型夸张的动漫造型，当然，不可缺少的就是从创业初期到现在的耐克运动鞋样品。与其说这里是一间科研场所，倒不如说这里是一个充满着奇思怪想的灵感牧场。

"这里是科学和艺术的完美结合，一个人的灵感往往是单薄的，但是上百个世界顶尖科学家在一起，就不是一加一等于二那么简单，而是跨学科的文化交流，我们提出的问题越多，那么解决的方案就越多。"库哈苏说。

当然，耐克公司并不想让科学家们总是停留在创新厨房中，做笼中之鸟、井底之蛙。而是采用多种多样的方式，激发科学家们的灵感。设计师们最喜欢的放松方式就是四处旅行。比如耐克女鞋的设计者马丁，在美国迈阿密热带海滩度假的时候，忽然产生了灵感。他觉得以往的运动鞋都是将脚包裹得严严实实，而这样的设计并不适应海滩路面，也不适应热带气候。马丁灵机一动，他想：为什么不能设计一款将脚后跟从跑鞋中露出的样式呢？而且没有谁规定跑鞋不能露出脚后跟！于是，特立独行的空气跑鞋应运而生，舒适透气的新设计深受南方运动爱好者的欢迎。

库哈苏也是走出去策略的受益者，他在耐克公司工作了十几年，但是待在公司本部的时间还不如旅行的时间多。他这样评价耐克公司创新厨房的旅行理念：

"设计师并不是产品的权威解释者，只有消费者才是最有权威的产品应用者，毫不夸张地说，不同消费者的需求就是我们工作的重点。"

库哈苏曾经在中国游历了半年的时间，他的工作并不仅仅是游山玩水，其他的旅行者都四处看风景，而库哈苏却将目光更多地投向了大众的脚下。通过观察，库哈苏发现，中国的消费者中青少年占据了很大的比重，但是这些年轻人并没有什么专业运动鞋的概念，而是混穿各种风格的运动鞋。

在篮球场上，很多人不是穿着专业的篮球鞋，而是随意地登上登山鞋或跑鞋就去打球。另外，打球的场地也不都是塑胶球场，多数是沥青和水泥地面，这样一来，鞋底的磨损就非常严重。这就出现一个问题，鞋面没有出现损坏而鞋底早就磨得不成样子。另外，库哈苏还发现，专业的篮球鞋采用的是耐磨的皮革鞋面，虽然结实，但是舒适性不强。于是库哈苏强化了先前的设计，创造性地将不同类型运动鞋的特点叠加在一起，开发了一种新产品，强化了鞋底的耐磨性，以及鞋面的透气性。新产品一经推出，就受到了消费者的热烈欢迎。

库哈苏说："设计一款运动鞋，并不是一个设计师的责任，我们还有多个部门协同配合。比如，我们会有色彩专家，经过周密的市场调查，预测未来几个月的色彩流行趋势，我们还聘用了大量的信息员，在各大赛场和体育场所，观察大众的色彩嗜好，最后汇总成我们采用的色彩方案。"

在库哈苏看来，运动鞋的生产是一项综合性的工程，最典型的案例是乔丹运动鞋11代产品的设计。耐克公司的创意总监辛克莱通过高速摄像机，逐帧放映分析迈克尔·乔丹在篮球场上的每个动作。经过科学分析，辛克莱发现"空中飞人"迈克尔·乔丹的速度还是受到了运动鞋的影响，因为在高速运动的过程中，鞋底发生了严重的变形，这就阻碍他的奔跑加速，也就影响了篮球天才技术的发挥。于是辛克莱为乔丹运动鞋加入了橄榄球鞋的纤维碳板，这样的改变使鞋底在变形之后迅速地恢复正常，从而使运动的加速度得到了保障。

耐克公司的创新厨房，并不仅仅局限于耐克总部，倒像是游走在世界各地的开放性"厨房"，也为世界各地的消费者带来了诸多创新性体验。也只有把眼界打开，把思路拓宽，设计的奇思妙想才会如源头活水永不枯竭。

第四节 细节决定论

> 巨大的建筑，总是由一木一石叠起来的，我们何妨做这一木一石呢？我时常做些零碎的事，就是为此。
>
> ——鲁迅

耐克公司能屹立于运动服饰领域，靠的是对细节挖掘，通过一丝不苟的科学研究精神，耐克公司创造了一款又一款的经典产品。

耐克公司的联合创始人比尔·鲍尔曼曾经说："一双好鞋最重要的要素有三个，一定要轻便，一定要穿着舒适，还要适应长距离的摩擦。总之就一件事，要减轻再减轻重量。"

比尔·鲍尔曼曾经仔细观察过运动员的跑步姿势。他发现，只要鞋子减少30克的重量，那么长跑选手就可以少付出近226千克的体力消耗。后来，耐克公司的研究者经过精密的计算，发现运动鞋每减轻100克，就能让马拉松运动员提高近3分钟的运动成绩。

从某种角度看，竞技领域速度等同于生命。作为运动产品公司，耐克全公司上下的人都对数据特别感兴趣，从普通员工

到公司总裁都喜欢拿着笔记本记录运动的各种数据。有时候，他们的做法很令人费解，但更多的时候迎来的却是敬重。

2003年，耐克公司的签约运动员科比·布莱恩特获得了NBA最有价值球员。当科比·布莱恩特来到耐克公司总部访问的时候，发现迎接自己的并不是鲜花和掌声，而是拿着笔记本的总裁帕克。

"你觉得耐克运动鞋还有什么需要改进的地方？"帕克三句话不离本行，开门见山地问科比·布莱恩特。

科比·布莱恩特见证了自己代言公司的严谨，当然也对一些特殊的欢迎形式有了新的体验。本来以为见面之后，即便没有鲜花和掌声，至少也要寒暄几句，说几句恭喜一类的话，但是耐克公司连这种节省本钱的套话都不肯说就进入主题了。科比·布莱恩特发现自己并不是来访问的，而是来参与设计的，这并非他所长，也并非他所想，所以他随口说了一句："还好，只是我有点小麻烦，我觉得在投篮的时候，脚踝有些酸痛。"

说者无心，听者有意，耐克公司鞋类设计总监埃里克听了科比·布莱恩特的话陷入了沉思。科比·布莱恩特说自己觉得脚踝有些酸痛，显然与鞋子的设计有直接的关系，而与科比·布莱恩特运动的动作的特殊性也应该有一定关系。于是，埃里克仔细地观看了科比的比赛录像，经过高速摄像机的镜头回放，埃里克发现科比·布莱恩特的带球动作很特殊，他往往将运球的重心压得很低，并经过多次变线来晃过防守者，因为假动作幅度过大，所以运动鞋的鞋帮侧面会压迫脚踝，这就让科比·布莱恩特感到很不舒服，也会妨碍他自由地做出更多的进攻动作。

埃里克发现了科比·布莱恩特脚踝酸痛的症结所在，他做出了一个大胆的建议：减轻运动鞋的重量，并拉低鞋帮的高度，这一想法又是对传统观念的挑战。传统的观念认为，篮球运动鞋必须是高帮的，因为这样可以保护脚踝少受损伤。为了证明自己的想法是更科学、更合理的，埃里克使用了新型的尼龙纤维，并将科比的双脚固定在鞋子的中间部位，以防止双脚在鞋内滑动。新鞋做好了以后，埃里克将其命名为Nike Zoom Kobe VI低帮篮球鞋。

科比·布莱恩特穿上了新战靴，感到十分舒适。其后的几年，这款新战靴陪伴着科比·布莱恩特征战NBA，摘得各项桂冠。

耐克公司的另一项细节研究，来自于高尔夫球领域。著名的运动员老虎伍兹是耐克公司的签约运动员。伍兹的身材特点是四肢匀称，并没有什么瑕疵。可是伍兹有一个特殊的嗜好，喜欢穿特大号的休闲高尔夫球衫，虽然这样在舞动球杆的时候，显得飘逸潇洒，但是耐克公司的高尔夫运动设计师丽贝卡不这么看。经过对伍兹的贴身观察，丽贝卡认为伍兹的运动成绩还应该更上一层楼，那就需要将袖子裁短3.8厘米，这样在击球的时候，宽大的袖子就不会触碰到伍兹的肘部，这样就可以最大限度地减少服装对运动的干扰，也能最大限度地提高击

球的准确性。

有什么比提高成绩的合理建议更重要的吗？老虎伍兹听从了丽贝卡的建议，将运动服从超大号改为更为贴身的中号，将袖子剪短3.8厘米。尽管打球的姿势不一定如从前一样飘逸潇洒，但是他的运动成绩果然更加稳定了。

耐克公司还以高质量的研究实验为基础，开展了精准的市场营销。耐克公司经过研究发现：快时尚已经成为当今流行文化的大潮，传统工业的研发设计模式已经不能适应新时代发展的需要。传统的运动鞋缝制技术，需要经过25道复杂的缝制流水程序，烦琐而低效率。耐克公司应用最新的3D技术，发明了一种"注塑工艺"——利用数字化和激光技术，制造时尚运动鞋。

注重细节的耐克公司，总是能与时俱进。现在，你已经可以定制自己的个性运动鞋，可以在上面自由地涂鸦。或许，未来的某一天，你也可以亲手制作一双鞋，这是世界上独一无二的一款，而制鞋材料的提供者，就是那个"永远是对的"耐克公司。

第五节　绿色风暴与仿生哲学

> 这自然法规我认为是最高的法规，一切法规中最具有强制性的法规。
>
> ——马克·吐温

虽然耐克公司被媒体贴上了叛逆者的标签，但是并不是说耐克公司向来反对所谓的主流文化，相反，他们对管理学规则十分感兴趣，甚至将其中的一些名言写进了耐克公司的企业守则之中。比如管理大师汤姆·彼得斯的名言"做你做得最好的，剩下的外包"，就被耐克公司视为企业发展虚拟经营的不二法门。

有人将耐克公司的部门构成，比喻成一个身材曼妙的少女，呈现出S形的格局，两头是设计和营销公司，中间是没有多少技术含量的外包代工。

耐克公司一直强调科技研发的作用，他们认为自然界充满着神奇的力量，有着取之不尽用之不竭的灵感源泉。耐克公司的设计师们都喜欢以仿生哲学的理念作为运动鞋设计的依据。比如乔丹运动鞋的设计者库尔德斯，最引以为豪的是设计了乔丹系列运动鞋的第19代产品Air系列。

"我是在一次非洲大陆的游历中汲取了灵感，说来令人难以置信，那个给我启示的是一种极毒的动物——黑色的曼巴蛇。它是这个世界上速度最快的蛇类，能用时速高达20公里的速度追赶猎物，所以我设计了这种曲形运动鞋。最后的效果十分出色。"库尔德斯曾这样说过他的创意来源。

Air系列运动鞋的神奇之处在于，球鞋的表面采用了仿真蛇皮的鞋套，由于借鉴了黑曼巴蛇的外形，在剧烈的运动过程中鞋面不仅不会产生褶皱，而整个鞋面还会随着运动员脚部的变形而自动变形。这样的一双好鞋既保护了运动员的脚部，又能将运动员的速度特长发挥到极致，堪称是运动鞋设计与仿生哲学的完美结合。当一个优秀运动员穿上这种接近于本身一部分的鞋的时候，可以想象一下，他的动作该有多么敏捷和协调。

另外，耐克公司还把黑豹、仙鹤、青蛙、蝙蝠等动物的特性融入到运动鞋的设计之中。比如黑豹仿生鞋，将黑豹的速度和激情，以及静穆的威严融合到一起，成为耐克公司的经典鞋型。

在全球经济大爆炸的时代，对环境的破坏日渐凸显，有良知的商家除了为顾客的眼前需要考虑以外，更要想到人类的可持续发展大计，尤其是规模越大的公司，这种环保意识就更应时刻牢记，因为他们的产量越高，越需要大量的原材料，可想而知他们对环境的变化会起到什么样的作用。而且这些著名企业在自己的领域也起着领头羊的作用，他们的选择对同行的影响也同样是巨大的。所以除了运用鞋型设计的仿生哲学，耐克公司还强调绿色环保的材料理念。

"我们应该忘掉那些不健康的材料，因为我们的目标是获得健康的生活方式，而胶水和塑料等有毒材料，虽然廉价无比，但是却对健康造成了极大的危害。所以未来的发展，是一种可持续的发展，我们要做的就是以绿色环保的材料，引领新的时尚。"公司的首席设计师约翰·霍克说。

约翰·霍克的用意很简单，先前的设计师往往强调化学的作用，但是新世纪的设计应该重视几何学与仿生学。耐克公司独创的气垫鞋与竹纤维材料，已经成为公司新的增长点。耐克公司在材料上研发的绿色风暴，成为其产品升级、创新的革命性推动力。顺应时代发展永远是生存的不二法门，耐克公司这样做，正是其企业文化先进性的体现。

而且，在创新的过程中，耐克公司从来不让消费者牵着鼻子走，因为耐克公司的口号就是"我们不需要知道，消费者是不是需要我们的产品，相反，我们总是能找到消费者最适合的产品。"耐克公司的产品设计始终坚持以我为主的个性。正是凭借着这种理念，让耐克公司始终走在了创新的前沿，而且他们从不依靠模仿来拯救自己。耐克公司要做的永远是自我超越和成为被超越的目标。

阿迪达斯公司推出了世界首款带有计算芯片的产品"Adidas1"跑鞋，一时间成为市场的宠儿。但是耐克公司并没有采取跟风战术，也没有随之开发类似的产品。相反，耐克

第三章 创新厨房——会思考的运动鞋

127

公司提出了新的理念——回归自然，自由奔跑，同时设计了"NikeFree"运动鞋加以迎战。阿迪达斯公司的用意很明显，高科技已经成为世界的主潮，而耐克公司并没有接招，而是另辟蹊径，采用了"落尽豪华见真淳"的方式，以不变应万变。

耐克公司自由鞋的创意，来自于世界长跑之乡——非洲大陆的肯尼亚。如果说美国有篮球"梦之队"，中国有跳水"梦之队"，那么肯尼亚就有长跑"梦之队"。当马拉松运动在世界范围内流行起来的时候，人们的视野里总少不了皮肤黑黑的肯尼亚人，而大多数人对肯尼亚的了解也都是从他们跑进各大比赛、集体获得各种奖牌开始的。有时候一场马拉松比赛会成为肯尼亚的专场，他们不仅获得冠亚军，连第三名甚至前十名都不给别人机会。肯尼亚是长跑运动的圣地，或许你会不相信连一个非专业的肯尼亚选手都有可能在世界大赛上获得冠军。

21世纪是一个全民健身、全民运动的世纪，马拉松项目的普及也能给选手带来一定的经济回报，也许你会认为为了钱而参加运动是对运动的侮辱，但是运动的魅力也恰恰体现在即便是最世俗的目的在运动场上也会被净化得纯净无比。那一年肯尼亚内罗毕国际马拉松比赛高手云集，但是当人们发现第一个冲过终点线的选手并非任何一枚"种子"的时候，整个赛场震惊了。令人震惊的并不是这个冠军是一个肯尼亚人，而是她只是一名才经过一年训练只为获得7000英镑奖金而参加比赛的业余选手。

"我非常渴望那7000英镑的冠军奖金！"新晋冠军切默季

尔面对记者的采访时直言不讳地说出了自己的参赛动机。

全场哗然，但是人们很快爆发出热烈的掌声。

"有了这笔奖金，我的孩子就有钱上学了。"刚刚含泪亲吻过脚下土地的切默季尔哽咽着说。

人们这才明白，一个27岁的家庭主妇，不顾自己的年龄处于劣势，没有经过专业训练而参加素以极限运动著称的一项运动，只是因为家庭贫穷，她的孩子们不能接受良好的教育，不能拥有更美好的生活。在自己摸索长跑技巧的过程中，切默季尔曾经因为营养不良昏倒在崎岖的山路上，曾经把一双脚磨得鲜血淋漓，但是她凭借顽强的毅力和深沉的母爱跑到了冠军的领奖台上。人们向世界上最伟大的母亲致敬，也在体育竞技场上看到了人性的光辉。

但是不容忽视的是，不是每一个伟大的母亲都能创造这种奇迹，因为切默季尔是在有着长跑传统的国度里的肯尼亚人。据统计，仅2011年，作为最易开展的体育项目——马拉松比赛遍地开花，而排在全球前20名成绩的创造者都是肯尼亚人。

研究人员发现，肯尼亚的长跑水平堪称世界第一，换句话说，肯尼亚人的奔跑方式一定是最科学的、最符合人体运动学的原理。不过，研究人员惊讶地发现，这里的运动员奔跑的时候，并不习惯穿什么品牌的运动鞋，而是习惯于赤足奔跑。

肯尼亚人相信，赤足训练之后，会大幅提高运动成绩。耐克公司认为，肯尼亚人傲视群雄的秘密在于他们脚型具有天然的优势——具有独特的缓冲系统。于是，他们并不急于和阿

迪达斯公司比拼科技水平，而是出人意料地提出了新的运动哲学：自然的，就是最好的。

耐克公司的名字是胜利女神的意思，他们的新广告也不断地返璞归真，不再炫技，也不玩跑酷，耐克公司真正做到了回归自然、回归自我。

第六节　金甲虫带来的艺术灵感

> 一个深广的心灵总是把兴趣的领域推广到无数事物上去。
>
> ——黑格尔

菲尔·奈特经过深思熟虑任命的CEO马克·帕克是一位狂热的现代艺术爱好者。他有一个堪称博物馆级别的收藏室，里面的藏品可谓五花八门，不仅有稀奇古怪的当代艺术，还有一些经典电影的道具，比如《火星人大战地球》《回到未来》《蝙蝠侠》等电影的模型和道具。

对于自己的管理，马克·帕克说："作为耐克公司的CEO，我其实别无长处，不过是将公司内部的智慧总结到一起罢了，我的任务只有一个，激发团队的创新意识，耐克公司的成功也正是源自于此。"

"很多人把创新看作是加法，认为创新必须是为现实生活增添些什么，其实我的想法正好相反，很多时候，创新是减法，正是要将一些不必要的功能从我们的生活中剔除出去。我们还要对一些不切实际的所谓创新进行甄别，好的创意不见得是最伟大的创意，我们还要有一个意识——创意不仅仅属于当下，更多的属于未来。"

苹果前CEO史蒂夫·乔布斯，是马克·帕克的好朋友，他的离世让马克·帕克黯然神伤。

"对我而言，史蒂夫就是我生命中一些灵感的重要来源，因为他是这个行业的天才，表面上看，电子产品和我们的运动产品并没有直接的关系，但是有一点是共通的，我们要面向未来，创造一些革命性的产品。他活着的时候，我们经常在一起激烈地讨论，我很想念这个充满智慧和责任感的挚友。"马克·帕克对记者说。

2006年，马克·帕克刚刚执掌耐克时，曾经向好友乔布斯抱怨："现在的好创意似乎穷尽了，根本没有什么让人眼前一亮的好点子。"

乔布斯对好朋友的抱怨好像习以为常了，他知道帕克是一个追求尽善尽美的人，并不是一个追求利润最大化的商人。两个人友谊的根基正在于此，从这点上看，他们都是富于浪漫主义气息的理想主义者。

那时候，乔布斯也陷入了一种创新危机之中，因为他和飞利浦公司合作的产品并不受欢迎，被称为是一项不能再糟糕的

创意。他们推出的运动型MP3，这本来是一个很好的创意，不过乔布斯似乎只关注了产品的性能本身，根本没有考虑到这款产品的携带问题，以至于很多消费者只能将MP3挂在腰间或者胳膊上，很多人戏称这样的产品是"人体炸弹"。

两个被创新折磨得焦头烂额的领军人物，开始了一次不可思议的合作。随后诞生的Nike+iPod系列产品，是马克·帕克与史蒂夫·乔布斯两个人智慧的结晶。

这个极其巧妙的机器，允许用户将一个传感器连接到iPodtouch或iPhone上，这样就能够计算出用户的实时运动数据，产品一经推出，就受到了运动爱好者和电子爱好者的欢迎，销量也屡创新高。当然，耐克公司也为此付出了昂贵的科研费用：一年半的时间，共耗资16亿美元。

不过马克·帕克认为这样的代价是值得的：

"正是从这款产品开始，我发现耐克公司并不是一个传统意义上的作坊式行业，而是一个可以很酷的，和时代联系紧密的行业。它像是一颗种子，在我们后来的产品中萌芽、生根。我们发现了在数字化服务方面，我们的潜力是巨大的。这一切，也要感谢史蒂夫与我们的合作。"

其实除了要感谢老朋友乔布斯之外，马克·帕克还应该感谢一只小小的甲虫，正是它赋予了帕克更多的艺术灵感。

"我喜欢研究甲虫，准确地说，我喜欢研究甲虫的内部构造和它色彩斑斓的外形。这些小生命，就是我的灵感之源。"在耐克公司总部的帕克办公室里，墙上装饰着各式各样的昆虫标本，这些背面有着复杂花纹的甲虫，多数是帕克在意大利旅游的时候获得的珍品。

在马克·帕克的茶几上摆放着昆虫艺术家斯多夫·马里的昆虫研究著作，还有一些耐克公司工作人员的街拍作品，甚至还有一本阿波罗登月时期的宇航员工作指南。这说明帕克的兴趣爱好十分广泛，从宇宙之大到昆虫之微都是帕克沉思冥想的对象。

这些爱好让马克·帕克受益匪浅，他曾经担任过耐克公司的鞋类产品设计师，在这个位置上一干就是30多年，其中，一种气垫技术就是帕克亲自发明的，凭借这项独有的技术，让耐克公司走出了销售低潮期。除了收藏昆虫之外，帕克还有很多稀奇古怪的收藏，总数近万件，堪称玩酷大师。

古希腊先哲亚里士多德说过："古往今来人们开始探索，都应起源于对自然万物的惊异。"

戏剧理论家莱辛也说："好奇的目光常常可以看到比他所希望看到的东西更多。"

马克·帕克之所以能走上耐克公司的领导岗位，或许，董事长菲尔·奈特先生看重的正是他不断进取的研究热情，而一些看似无用的兴趣爱好却成为他走向成功的基石。

第七节　为大众的，就是最好的

如果人们可以记住我，更希望他们也会记得我设计过的有趣的鞋子，无论是那些提供给日常消费者的鞋子，还是那些提供给世界级运动员的鞋子。

——彼得·福柯

耐克公司的运动鞋设计师彼得·福柯，名字不为大众所熟悉，但是对他设计的产品你一定有所了解。NIKE跑鞋、the Air Terra Humara、Terra Sertig和ACG户外新款等经典鞋款，都出自于彼得·福柯的手笔。

彼得·福柯加入耐克公司的设计团队已经10多年了，或许没有人会相信，彼得最开始的工作和运动鞋并没有什么直接的联系。他最初在西雅图的波音公司做飞机内饰设计师，本来工作也中规中矩，如果不是一次偶然的体检，彼得被检查出了癌症，他也许会在西雅图工作到退休。

当医生向彼得说明了病情之后，彼得·福柯感觉天都要塌下来了，他神情沮丧，向原公司提出了辞呈。幸运的是，经过7个月的治疗，彼得战胜了死神。

"这次意外的发生，让我的人生彻底改变了。以前，我只是浑浑噩噩地混日子，但是，自从我体会到生命短暂，盛年不再的苦痛之后，一切都变得不一样了，我要重新开始生活，找到自己真正的位置。"逃脱死神的魔掌以后，彼得·福柯向自己的老朋友倾诉着心中的苦闷。

然而，虽然彼得·福柯曾在波音公司有过不俗的表现，但他在找新工作时却连连碰壁。

"我给你出个主意，要不你到我的工作单位应聘吧，不过你要拿出一点设计的天赋，才能打动那些招聘的人。"彼得·福柯的老朋友戴夫对他说。

戴夫是耐克公司的员工，他向彼得推荐了耐克公司的工作。

当天晚上，彼得·福柯精心设计了一双运动鞋和一双旱冰鞋，作为向耐克公司求职的敲门砖。另外，彼得已经下定决心，决定和妻子与三个孩子一道，搬到俄勒冈州的耐克总部所在地居住。

开始的时候，彼得·福柯并不适应耐克公司的工作，一连换了七个岗位。不过他一直认为自己是一块有待开发的璞玉，早晚会有出人头地的一天。无论在哪个岗位，彼得·福柯都积极学习、默默观察，期待着能有一天一鸣惊人。

功夫不负有心人，彼得·福柯设计的第一款运动鞋Air Humara终于通过了审核并投入生产。这款让彼得有了出人头地机会的运动鞋直到现在仍然是他的最爱。

当彼得·福柯看着自己亲手设计的运动鞋从生产线上下来的时候，不禁流下了激动的泪水。因为自己是从鬼门关里走过一次的人，看着眼前的运动鞋，他看到了鞋的命运和自己的命运一样，在耐克公司获得了重生。

"当时的设计，对我的要求很高，因为市场看起来更欢迎有高科技含量的，能精密制造的样式，所以我冥思苦想。有一天，我从摩托车的车轮中获得了灵感，将运动鞋设计为五指张开的放射样式，就好像是车轮上的放射状辐条一样。非常开心的是，虽然这款设计已经过去了很多年，但是人们还是喜欢它，因为人们更喜欢那些用心设计的产品。"彼得·福柯说出了自己的想法。

当有人问起彼得·福柯，到底最喜欢哪款鞋子的时候，彼得害羞地挠了挠头，他想起了一句经典回答：产品是自己的孩子，都喜欢。不过彼得并不打算说这些模棱两可的话，因为模糊回答并不是他作为设计师的性格。

"要说最喜欢的，还不如说最难忘的，ACGWatercat这款鞋，我为它付出了很多心血，我在鞋面上采用了编织的面料，目的是减少黏合剂的使用。我的理念是，化工原料应用得越少，对消费者的健康越有利。"彼得·福柯想了一会儿才说。

彼得·福柯的环保理念和全新架构最初并没有得到代工厂的支持，公司的决策层也并不看好这款鞋的市场预期。彼得·福柯只好一次又一次地向管理层游说，峰回路转，终于有了一个喜剧结局—— 一个执着的设计师促成了又一款经典运动鞋的诞生。

屡创佳绩的彼得·福柯，自然引起了耐克高层的重视。当彼得已经熟悉了运动跑鞋业务的时候，公司决定抽调他到篮球部门做设计师。彼得·福柯又一次面临着人生的选择，是在已经熟悉的岗位上继续发光发热，还是到一个未知的领域里开始新的冒险征程成了摆在他面前的一道难题。挑战过死神、挑战过寂寞的彼得·福柯选择了新岗位。

彼得·福柯回顾自己的经历，他动情地说：

"对于一个已经死过一次的人来说，还有什么挑战是不能接受的呢？要知道，每当我坚持不下去的时候，我就想：老天对我已经很好了，让我能够自由地呼吸，我还有什么可以抱怨的呢？如果我没有战胜癌症，那么今天的时间，就是那时候我梦寐以求却无法达到的明天。想通了这一切，所谓的选择也不再是什么难事了。"

彼得·福柯堪称是耐克公司诸多优秀设计师的代表。在这些设计师身上，都有与彼得·福柯相似的一种品质：从不对所从事的事业挑肥拣瘦或者心怀怨言，而是一旦认定目标，就坚定不移地走下去。有了这一点，他们的成功也是再自然不过的事情了，而耐克公司的成功当然也是水到渠成的事情。

设想一下，假如彼得·福柯在辞职之后自暴自弃，或者选择了随遇而安，他会超越波音时期的自己吗？正因为彼得·福柯珍惜生命、珍惜时间，将剩下的每一天都当作是上帝的恩赐更加努力地工作，才有了今天的成就。

和创造世界名牌的人

一起放飞梦想

"如果退休了，希望别人怎样记起你呢？"有记者曾经这样问彼得·福柯。

"退休？现代的都市人还有退休的概念吗？即使有的话，我并不奢望大家记住哪款鞋子是我设计的，因为我的荣誉都归于耐克公司。但是我一直希望大家明白，我不仅仅是为顶尖运动员设计竞技跑鞋的，更是为大众设计舒适的运动鞋的。这就足够了。"彼得·福柯从容地微笑着，一字一顿地说。

彼得·福柯是耐克公司一名成功的设计师，从他的执着和努力中，我们可以发现，耐克公司之所以强大，重要的是，从公司高层到普通员工，都贯彻了一种产品理念：为大众的，就是最好的。

NIKE

第四章　创造之路——运动
改变人生

NIKE

第一节　不断膨胀的气球

> 失败也是我所需要的，它和成功对我一样有价值。只有在我知道一切做不好的方法以后，我才知道做好一件工作的方法是什么。
>
> ——爱迪生

一只气球的承受能力是有限的，无论它的材质多么坚韧，无论它的容积有多大，如果充气过量，那么结局只有一个。

如今的菲尔·奈特在斯坦福大学的校园里人尽皆知，而在整个商界，他的名字也是家喻户晓。菲尔·奈特的成功引起了理论者的关注，严肃的学术刊物《哈佛商业评论》甚至将菲尔·奈特开创的营销方式，命名为奈特营销方案。全世界的工商管理系的学生，几乎都研读过菲尔·奈特创造的"品牌大于产品"的商业公式，同行们更是对耐克公司的零件外包模式赞誉有加。

在耐克成功经验获得赞誉的同时，产品外包的模式也遭到了一些人士的质疑。很多人批评耐克公司在发展中国家设立工

厂的模式，实质上是利用发展中国家廉价的劳动力，剥削工人的剩余价值。在这样冰火两重天的评判里，耐克公司始终处于一种毁誉参半的尴尬境地，而他们的模式也引发了学术界与民间无休止的争论。

事实上，有很多事情不能主观臆断，有很多意料之外的事情正在不远的地方等着你，最有可能的就是你乘兴而去败兴而归。上天是公平的，这一点对谁都不例外。1997年5月，斯坦福大学商学院邀请菲尔·奈特发表一次演讲。因为是母校的邀约，念旧的菲尔·奈特为此做了精心的准备。从一个默默无闻的穷学生到今天的亿万富翁，菲尔·奈特或许还可以享受一次衣锦还乡的荣耀。以他如今的成就，即便是受到成百上千的耐克粉丝的夹道欢迎也不为过。不料，当奈特来到母校的时候，迎接他的并不都是崇拜的欢呼和友善的笑脸，而是一大群抗议者。更有甚者，当菲尔·奈特来到讲台准备开始演讲的时候，台下还爆发出阵阵嘘声。有一个声音从角落里响起："下去吧，奈特，回到你的工厂去吧，这里并不欢迎你，你的工厂更需要你的安慰，因为他们的工资还不够面包钱。"

菲尔·奈特虽然见惯了大场面，但是这种阵势还是第一次遇到。他定了定心神，才勉强发表了一番演讲，但是兴致全无，最后他的衣锦还乡之旅只好草草收场。

实际上，耐克公司遇到的信任危机还远远不止于此，抗议的声音从学校的礼堂一直延伸到社会团体，反对耐克公司的人甚至成立了一个"反耐克国际运动"。在这个团体里，有人发表连环漫画挖苦耐克公司不顾员工的利益，也有人发表文章历数耐克公司成本与售价之间的巨大反差，更有甚者，还拍摄了一个名为《大角色》的纪录片，讽刺耐克公司的公关部门整天疲于奔命应对抗议者的问责。

有反对者发起了"反耐克国际行动日"，在这一天抗议的人群会在耐克公司零售店门口开展示威活动。有的还进行实景戏剧演出活动，比如，有一则独幕剧名为《世界经济跑步机》，主演的主要动作就是穿着耐克鞋在一个跑步机上不停地奔跑，但是始终停留在原地。这些反对者的用意就是讽刺耐克公司的做法并不能给世界经济带来什么新的增长点，而只是满足了资本家的贪婪本性。

还有一则演出，是以荒诞的方式表达对耐克鞋高定价的不满，演出的剧目名为《国际公司的拍卖会》。表演者拿着一款最新式的耐克运动鞋，向现场的群众高声叫卖，不过充满荒诞感的是，并非出价最高者拥有这款鞋，而是出价最低者获得胜利。这时候，欢庆的人群会穿上特制的衣服四处庆祝，他们的衣服上印着"宁愿要粗布，也不要耐克"的标语，以此来抗议耐克运动鞋定价的高端路线。

科罗拉多大学的学生还举行了一场慈善募捐活动，参加者都要缴纳1.6美元的入场券，这是位于越南的耐克加工厂工人一天的工资，而募捐游戏的胜利者将得到2.1美元，这是越南普通民众一天的正常花销。活动的组织者想通过这种方式提醒广大市民，耐克公司的薪资并不能让当地的工人养家糊口，以

此来讽刺耐克公司的成本控制。

甚至在耐克公司总部所在地俄勒冈州，抗议的风潮也不时涌现，虽然耐克公司是本州的利税大户，但是当地人并不是都买账。抗议者舞动着奈特图案的大型玩偶，将它舞动如飞，这个玩偶做得惟妙惟肖，只不过玩偶的眼睛被蒙上了美钞，暗示着耐克公司的眼里只有钱，而没有社会公德心。耐克公司陷入了一种两难的境地，即使它每年都捐献大量的善款，也被视作是收买人心的表演秀。

当地的报纸也为此推波助澜，比如影响力极大的《俄勒冈人》日报专门派出记者采访世界各地的耐克公司加工厂，不断传回不利于耐克公司的新闻报道，而俄勒冈州著名的媒体人祖斯曼直言不讳地说："奈特先生，现在是处理这场危机的时候了，要知道，我们俄勒冈人已经丑闻缠身了，你想托尼娅·哈丁、鲍勃·帕克伍德已经让俄勒冈蒙羞了。奈特先生，难道你还想让我们成为世界血汗工厂的故乡吗？"

祖斯曼所说的丑闻，都确有其事。托尼娅·哈丁是全美花样滑冰冠军，但是在1994年冬奥会美国国内选拔赛上，因为嫉妒南希·克里根的状态，指使自己的丈夫雇凶袭击了南希，导致南希膝部受伤。丑闻一经传出，哈丁顿时名誉扫地。祖斯曼提到的参议员鲍勃·帕克伍德则因性骚扰的指控辞职。现在祖斯曼将菲尔·奈特和俄勒冈籍的丑闻并列，实际上是一种规劝。

开始的时候，菲尔·奈特并没有意识到问题的严重性，他先是否认自己的公司有责任降价，然后将低薪策略全部归罪于代工厂的老板。但是抗议者并不买账，认为这些不过是空洞无物的托词而已。

事情的转机来自于一个偶然的事件。一个10岁的孩子给耐克公司寄来了一封信，真正打动了菲尔·奈特。

"您好，我刚刚买了一双100美元的耐克鞋。不过，我听说你们的定价并不合理，这双鞋好像只值30美元，请问尊敬的董事长阁下，能否退给我70美元呢？"

孩子稚嫩的语气，让菲尔·奈特觉得自己或许正在犯一个天大的错误，因为奈特一直主张企业品牌的建设，但是如果在消费者的心中，耐克公司的产品是血汗工厂生产的，那么耐克公司几十年的品牌积累就会毁于一旦。

1998年5月，菲尔·奈特终于决定直面这些严厉的批评，他要让耐克公司做一家负责任的国际化公司。

在华盛顿的记者招待会上，耐克公司董事长菲尔·奈特先是进行了自我批评："大家好，我就是你们眼中的骗子、魔鬼和吝啬鬼。"

说到这，奈特看着台下会心微笑的观众，然后严肃地说："但是我们并不想成为新时代的恶魔公司，所以我们对奴隶式的加班和低廉的薪酬，和大家一样深恶痛绝。如果大家信任我们，我们首先要提高薪酬，以弥补先前的过错，同时更重要的是，我们要加大环保的力度，让耐克公司成为真正的环保公司。我发现，我们犯了一个错误，如果我们的品牌只是一个

不断膨胀的气球的话，随着它的不断膨胀，早晚有一天，会破碎不堪。"

菲尔·奈特的诚恳化解了一场信任危机，人们愿意给耐克公司一个自我修正的机会。是的，如果出现问题的时候只是一味地掩饰、欺骗、躲避，最后为错误埋单的终将是自己。当耐克公司偏离了航道时，菲尔·奈特先是坦率地承认自己的过错，然后又实施了实实在在的改进措施。如此一来，大众自然就对菲尔·奈特和耐克公司多了份体谅和理解。

在前进的路上，菲尔·奈特和耐克公司没有使自己变成一个不断膨胀的气球，他们给自己打了一个大大的"对号"。

第二节　要学会尊重

> 对自己的痛苦敏感，而对别人的痛苦极其麻木不仁，这是人性的可悲的特色之一。
>
> ——池田大作

每年的3月17日，是爱尔兰人的传统节日圣帕特里克节，不过2012年的这次节日庆典全被耐克公司最近推出的一款运动鞋给扰乱了。

圣帕特里克是爱尔兰传说中的守护神，据说他经常救济苍生，并以爱尔兰随处可见的三叶草治好了很多人的疾病。三叶草是爱尔兰的国花，这种在爱尔兰随处可见的小草生命力极为顽强，在恶劣的生存条件下都能萌芽，所以爱尔兰人将之作为民族精神的象征。据说三叶草一般是三片叶子，如果能找到四片叶子的四叶草，就会得到永远的幸福，所以四叶草也被称为"幸运草"。

圣帕特里克告诉大众，三叶草就是圣教三位一体的象征，分别代表着圣父、圣子、圣灵，他雄辩的演讲和乐善好施的品德，引导诸多爱尔兰人接受洗礼，从而成为虔诚的天主教徒。从此以后，爱尔兰的国教定为天主教。公元493年3月17日，爱尔兰的"守护神"圣帕特里克逝世，为了纪念这个伟大的英雄，爱尔兰人将这一天定为圣帕特里克节。

就在爱尔兰准备举国狂欢的时候，耐克公司推出了一款新运动鞋，全盘打乱了爱尔兰人民的庆祝计划。原来，一款被耐克公司命名为Nike SB Black and Tan的新款鞋希望借爱尔兰节日的东风走进千家万户，博得一个好彩头。这款鞋的灵感其实和圣帕特里克节没什么关系，但是鞋面颜色的设计大大触犯了爱尔兰的民族习惯。因此耐克公司在圣帕特里克节前后进行的新品发布会，引发了爱尔兰民众的极度不满。

Nike SB Black and Tan系列鞋的设计灵感，来自于两种啤酒调制出的黑棕色饮品，以司陶特黑色啤酒和比尔淡雅啤酒混合而成。这种调制后的酒颜色特别美，浑厚而沉稳的色调让人安静而踏实，于是耐克公司的设计师将之作为耐克公司新款鞋

的鞋面颜色。不过，耐克公司的设计师们显然没有意识到，他们无意间触犯了爱尔兰人的历史禁忌。

其实爱尔兰人一直拒绝喝黑棕色的啤酒和饮料，尽管它们或许很美味。爱尔兰人的这一文化习俗，来自于20世纪20年代，当时英国人在爱尔兰实行的管理受到了爱尔兰人的激烈反抗，而为了应对日益升级的暴力抗争，英国决定在爱尔兰实行更严酷的统治，以强硬的手段进行回应。而英国政府并不愿在爱尔兰部署太多的正规军，于是英国建立了两个准军事警察组织来管理爱尔兰，这两个组织被命名为黑棕部队，作用是支援当地的保安团。

黑棕部队有700多人，他们多数是来自英格兰和苏格兰城镇的"一战"复原士兵。他们并非是正规军，准确地说是一支准军事部队，只在正式场合他们才被看作保安团的一部分。经历了第一次世界大战的炮火，这些背井离乡的人并不愿再一次把生命留在异乡。自从1920年入驻爱尔兰以后，这支部队就恶名远扬。这支拥有近万名士兵的组织，军纪并不严整。纪律涣散的士兵经常酗酒闹事，爱尔兰人对他们深恶痛绝，黑棕部队的恶名远不限于此，他们甚至血洗了一些爱尔兰小镇。在爱尔兰人看来，黑棕部队几乎就是恶棍和魔鬼的代名词，所以他们用自己的方式表达愤慨。因此，即便是非常美味的调和酒，仅仅因为颜色是黑棕色，爱尔兰人民就拒绝饮用。

在爱尔兰人组织的示威游行中，一个愤怒的示威者说："耐克公司简直令人难以置信，他们没有做好功课，难道在谷歌上简单地搜索一下这几个单词都没有时间吗？试想一下，如果耐克运动鞋被命名为基地组织，会引起多大的愤怒，大家就会理解我们的心情了。"

这位爱尔兰人的话，代表了示威者的心声，显然，一个公司在为新产品命名的时候，应该充分考虑到当地文化的特殊性。

耐克公司明白了事情的原委之后，马上中止了这款新鞋的发布和销售，同时向愤怒的爱尔兰民众公开致歉。在这份充满诚意的声明中，耐克公司称并无意冒犯爱尔兰人的历史习俗，更不是存心将这种带有殖民色彩的名字为新款运动鞋命名。

"Black and Tan"只是非官方的称谓，该款运动鞋的官方名称是"Nike SB Dunk Low"。

耐克公司的新款鞋命名事件，很快就得到了妥善解决，不过，在耐克公司内部后来的总结中，大家都对该事件做了深刻的反思。耐克公司付出的代价是惨痛的，新品的推出并没有获得预期的成功，还闹出一场轩然大波，险些酿成了政治事件。

奈特后来总结道："我们的目的是什么？这是我们永远应该放到第一位考虑的问题。显然，我们不想去树立一个敌人，而是想交到更多的朋友，但是这一切都是建立在一个前提之上的，那就是要学会尊重，无论是对方的民俗、历史，还是文化。"

第三节　耐克的道德红线

> 修养的基础是内心对话，人在这种对话中既是自己的原告，又是自己的辩护士师和法官。
>
> ——科恩

在美国俄勒冈州的耐克公司总部，环法自行车比赛的"七冠王"阿姆斯特朗的照片被工作人员撤了下来。就在日前，耐克公司宣布中止与阿姆斯特朗的赞助合同，因为这个前抗癌英雄、美国偶像被指曾经服用过禁药，被美国反兴奋剂机构剥夺了冠军头衔，并实施全球禁赛。

本来，耐克公司一直支持阿姆斯特朗，相信他是清白的。但是一旦有了明确的结论，耐克公司就马上和他划清了界限。因为耐克公司能够容忍一个有缺点的英雄，但是不能容忍一个欺骗大众的假英雄。

阿姆斯特朗已经触及了耐克公司的道德底线。

在为耐克公司代言的几十位巨星之中，也不乏麻烦制造者。比如陷入"性丑闻"的高尔夫球14个大满贯得主——老虎伍兹，再比如遭到强奸指控的篮球巨星科比·布莱恩特和

150

本·罗特利斯伯格，另外还有麻烦缠身的宾夕法尼亚州立大学橄榄球队等。耐克公司认为既然获得了明星代言的巨大好处，同时也要承担明星负面新闻的烦扰。

即便如此，耐克公司仍然对这些问题明星保持着合作关系，对他们不离不弃。耐克公司的道德红线是：你穿上耐克服饰，就要遵守职业操守和职业道德；而脱下运动衣和运动鞋，就是你们的私人生活，我们没有权利干涉。

阿姆斯特朗的错误，是耐克公司不能原谅的，因为这个英雄式的人物，欺骗了大众的感情。

有时候就是这样，人们可以原谅你不完美，但是无法接受你的不诚实。

阿姆斯特朗爆出丑闻之后，耐克公司积极考虑如何应对大众对明星的信任危机，也试图将这种负面影响降到最低。耐克公司选择了多位明星代言的方式来规避风险，但是这样做的同时也带来了一个缺点，那就是分散的代言者会让公司的品牌特征不够鲜明。

耐克公司的研究人员发现，现在的消费群体已经从传统媒介转移到了新兴传播方式，从电视、广播转移到了互联网上。面对这种新局面，耐克公司决定积极与顾客互动。要想走进消费者的心灵世界，必须先走进他们的日常生活。耐克公司创造了数字营销策略，通过对社交网络平台和搜索方式的投资，将明星代言式的播撒传播，转变为更为精准的个性化传播方式。

新媒体时代的广告营销，要求传播者首先具有真实性原

则，因此诚信成为与对象之间交流的基础所在，在面对问题代言明星的时候，耐克公司采用了不同的策略。

当老虎伍兹婚外恋曝光之后，他的赞助商纷纷选择了中止合同，只有耐克公司依然在他身上投入巨资。原因很简单，竞技场之外的花边新闻，不过是明星私生活的问题，并不是什么原则问题。相反，还可以带来产品的知名度，是一种变相的炒作和推介。这种包容性使老虎伍兹和耐克公司之间达成了一种默契，他们的合作非常愉快。耐克公司对"完美"的个性化理解使老虎伍兹感到自己并没有被抛弃。随着丑闻负面影响的淡化和伍兹本人的努力，人们迎来了伍兹重现辉煌的一天。沦落的老虎东山再起，而他所代言的耐克也随着他的再次成功而得到了丰厚的回报。

其实，伍兹之所以能得到耐克公司的力挺，究其原因是耐克公司对运动本质和完美人格的独特理解。

"他是一个伟大的高尔夫球员，同时，正如大家所知，他还是一个婚姻的出轨者，不过他并没有违法。显然，目前为止，他的太太更生气一些。"关于伍兹的绯闻，耐克公司这样说。

而阿姆斯特朗的丑闻曝光之后，耐克公司却第一时间选择了与之划清界限，因为他们的丑闻类型不同。

"耐克公司，是一个伟大的体育文化公司，我们的企业精髓就在于对自我的确认和超越。"耐克公司的广宣负责人解释说："当一个人撒谎成性的时候，就是他的诚信出现了大问题，一个人体格再健壮，人品出现了问题，怎么能让大众信服呢？"

耐克公司在2012年10月17日发布了一份声明：美国反兴奋剂机构发表了近千页的报告，得出的结论，是一个毋庸置疑的结论，我们被阿姆斯特朗欺骗了十几年。耐克公司作为一个对社会大众负责任的公司，无法容忍这种赛场上的不端行为，所以，即日起中止与阿姆斯特朗的赞助合同，与此同时，我们会继续支持阿姆斯特朗的抗击癌症基金会。

声明的末尾，显示了耐克公司的人文关怀，虽然与阿姆斯特朗不再有关系了，但是耐克公司仍选择同更需要帮助的人在一起。

第四节　女性的秘密

我们认为下面这些真理是不言而喻的：人人生而平等，造物主赋予他们若干不可转让的权利，其中包括生命权、自由权和追求幸福的权利。

——《美国独立宣言》

耐克公司发现，尊重人性，应该先从尊重女性开始。

耐克公司的名字"NIKE"的原意是胜利女神的意思，但是耐克公司的产品往往针对的是男性市场，运动场上的速度和激情，分明是男性荷尔蒙释放的结果。所以，在世人的眼里，耐克公司好像是天然地为男性顾客服务的公司。这不由得引起了耐克公司总部的警惕，因为根据犹太人经营的规则：女人和孩子的钱是最好赚的。

耐克公司要做的，就是如何获得女性消费者的喜爱，让"胜利女神"的神威真正护佑耐克公司。

耐克女鞋的设计总监马丁，一直在思考如何与女性消费者进行沟通和交流。但是，在那所著名的创新厨房，马丁并不能获得什么灵感。于是，他决定给自己放个假，旅行的目的地是神秘的东方文化代表之一 ——日本。在日本的旅行，让马丁思考了很多先前没有想过的问题：鞋子仅仅是为奔跑设计的吗？如何看待运动鞋的大众化和个性化的关系？运动鞋适合奔跑，为什么就不能为那些不需要奔跑的运动设计一种鞋子呢？女性显然不适合更为剧烈的运动，该如何让这些人也参与到不用身体对抗的运动中呢？

在日本的一个寺庙，马丁忽然发现了一个美丽的剪影，一个穿着艳丽和服的女人低首前驱，走向了寺庙。

"简直太迷人了，这才是设计的真谛，简单而优美的曲线。"直到回国之后，马丁还是难忘日本之行的那个美丽的剪影，于是他设计了一款软性运动鞋——AirKyoto系列瑜伽鞋。

这款鞋成了耐克公司营销策略的一个转折点。耐克公司的创意总监达西说："我们作为胜利女神精神的传承者，不应该只为有梦想的男性生产产品，还要考虑广大的女性群体。所以，我们必须唤醒那些沉睡已久的女性运动市场，让那些总是停留在家庭的女性走出房间，投身到运动中去。"

耐克公司的策略转变，再次证明是正确的，此设计一推出，耐克女鞋的销售额就超过了男性运动鞋。

同时，耐克公司开始改良专卖店的货架设计。以往的耐克专卖店的货物排列，女性产品总是放在最不显眼的位置，一个女性要选择自己的运动产品，往往要到最上层的拐角处，需要转换好几次扶梯才能到达。同时，你要是想选择瑜伽产品和软性运动鞋的话，必须穿过阳刚气十足的篮球鞋和跑鞋展区，才能到达目的地。整个专卖店好像写着一行字：男性专卖，女性止步。

耐克公司提出了"耐克女神"女性用品专卖店的概念。第一个耐克女神商店，开设于美国加利福尼亚州西海岸的时尚购物中心，设计者特意为女性营造出一种家庭的氛围。因为研究者发现，男性购物更具有针对性，往往是直奔购物目标，而女性的购物则是选择性购物，往往在左顾右盼中，选择相应的产品。于是，耐克专卖店的设计者为商店布置了温馨的家具，枣栗色的地板，配上蓝白相间的灯光，将环境布置得温馨可爱，一双双精美的鞋子旁边，是更加精致温润的陶器，旁边还有各式美丽的花束。

女性在这里购物，好像选择的并不是运动鞋，而是一件件

艺术品。那些女性消费者也不只是简单的付钱顾客，而是充满艺术鉴赏力的艺术家。这让女性意识到，自己受到了极大的尊重。耐克公司的这种设计迅速地赢得了市场的好评。

对于耐克公司来说，"耐克女神"专卖店的真正价值并不是想增加什么销售额，更重要的是反映了耐克公司的思维转变，为公司未来的发展规划提供了新的视角。未来的战场，并不一定是高科技的竞争，而更多的是充满人性化和情感化的"体验之争"。

耐克公司对运动市场的突出贡献还在于，重新从性别的角度定义了运动的含义。

以往的观念，将运动的主角定义为事业有成的男性，而运动款式的设计也往往符合男性的特点。菲尔·奈特敏锐地发现了这一性别上的"歧视和空白"，认为耐克公司的市场定位至少不应该排斥女性。同时耐克公司总结了女性消费者的几大特点：女性往往比男性更注重身体保健；女性往往有更多的闲暇时间从事体育运动；在一个家庭里，掌管收支的往往是女性；女性对品牌的专注度和依赖性要远远高于男性等等。所以，开发符合女性运动特点的服饰，一定会成为公司新的利润增长点。

不过，菲尔·奈特的提议很快招致了更多的反对声音，其中的主流观念认为：如果将充满速度和激情的男性运动品牌，加入了女性的柔弱元素，那么会导致耐克品牌认知的混乱。更何况，如果加入女鞋的竞争行列，势必会损害公司男鞋的销售额，形成内部的不良竞争。

不过菲尔·奈特始终坚持自己的判断，他在公司大会上不无机智地说：

"虽然在伊甸园里，女性是第二个出现的人类，但是不要忘了，正是她提醒亚当，应该注意身上的服饰。所以，从这个角度讲，我们不应该数典忘祖。更何况，我们公司名字的寓意就是胜利女神，我们为女性做一点事情又有什么不对的呢？"

事后证明，菲尔·奈特的见解是一次高瞻远瞩的战略转变，耐克公司在女性市场上开始了新的创业。

菲尔·奈特聘请了两个天才的广告创意者，吉安特和恰罗蒂，她们是两个充满了女性智慧的设计师。接到任务后，她们首先从女性的角度反躬自省，看看女性的生活中最需要的是什么，最反感的又是什么。通过自我内心的反省，她们试图找到一种和女性对话的机制，于是，她们创造出了一个意味深长的广告文案：

开始的时候，出现了一幅色彩对比十分强烈的画面，以黑与白两种基础色调，展现了一种对立和内心焦灼不安的氛围。画面的背景是一个个交织在一起的"NO"型图案，暗示着女性的生活是充满了否定的不自由的世界。

女性的身体经常成为展览对象，被男性品头论足；女性成为被囚禁的对象，她们多数人只能做家庭主妇或从事一些无关紧要的工作。冷眼一看，每个人都有可能忽视一个女性内心的真实感受，让女性非常痛苦。可就在这个时候耐克公司来了，

他们以充满煽情的笔调描述了女性内心的苦闷和挣扎，也昭示着耐克公司才是最懂女性的企业。耐克公司明确表示，从此，运动产品并不是冰冷的机械化生产的物品，而是一个个充满了关怀和希望的朋友、伙伴。

对女性而言，耐克公司的此次表态不啻于是一种理解的福音。

耐克公司的广告文案刊登在女性日常购买和喜爱的时尚、生活杂志上，以内心独白的方式向女性倾诉着——在你的生命中，总有人认为你这样也不行，那样也不行，也总有人告诉你，你是没有任何天赋的柔弱的第二性。你没有巨人的身高、没有力士的力量，所以他们一次次地强迫你承认，你就是不行的，到了现在，你似乎也默认了这个称谓：女人，你的名字是弱者。你还会一次次地听着那些谎言吗？你还会一遍遍地重复自己不行的暗示吗？现在，你需要改变，因为我们相信，你行！

让人们不得不佩服的是，耐克公司宣传手段的高明。它的广告并不是强硬地灌输，也不是强烈的感官刺激，而是以一种平和的心态沟通，成为女性故事的倾听者和赞美者。

这则广告获得了巨大的成功，很多女性消费者给耐克公司打来电话，有人甚至泣不成声，因为在她们的生命中第一次获得了肯定和尊重。很多女性消费者认为，耐克公司的广告改变了她们的一生，而更多的女性将耐克作为运动品牌的第一选择，因为耐克理解她们。

在菲尔·奈特领导下的耐克公司再次赢得了体育市场的尊重，与其说这是一次新的营销战略的胜利，不如说是耐克公司的企业文化的胜利，因为他们始终秉承的是文化观念的培育、输出，而不是简单的运动款式的设计。

第五节 "时尚夜跑"运动汇

所谓时尚就是目前的传统。传统都带有某种必要性，使人们非向它看齐不可。

——歌德

耐克的品牌文化营销，除了运用传统的广告模式之外，还别出心裁地以丰富多彩的活动来营造新的时尚文化，增强品牌的认同感。

奔跑是人类的天性，从远古人为了生存奔跑，到第一届奥运会上设立的马拉松项目，人们一直想以一种最自由的方式，奔跑在大地母亲的怀抱里。其实，奔跑是不需要什么复杂的设备的，但是现代人已经在灯红酒绿的世界里养尊处优惯了，不习惯于在简陋的环境下运动。耐克公司针对这种现象，提出了一个全新的活动方案——时尚夜跑。

时尚夜跑活动倡导回归运动的本质，强调运动并不是一种奢侈的活动，并不需要昂贵的运动设备，也不受时间和场地的限制。

耐克公司的时尚夜跑活动针对的是都市的白领阶层，大家都过着忙碌的快节奏的生活，很少有机会进行体育锻炼。所以，公司把这次时尚夜跑活动的传统跑步时间调整为夜晚，在全国各地开展了很多有趣的主题夜跑活动。

2011年夏季，耐克公司夜跑活动在中国的北京、广州、上海等大城市率先开展，以夜跑的方式鼓励大家"以跑步的形式回家"。而且这个活动先以各个城市为单位，再从各个运动队中选拔优秀的夜跑队参加在上海举办的运动会，整个设计有零有整，让人感觉非常完整。

在耐克公司的大力倡导下，参加跑步的人数很快上升了近30%，轰轰烈烈的跑步运动在几个特大城市展开。高潮出现在2011年9月，中国优秀的夜跑选手队参加了美国芝加哥马拉松比赛和旧金山耐克女子马拉松比赛。耐克让世界各地的夜跑爱好者欢聚一堂，把运动会变成了一个交流感情、沟通文化的大聚会。2011年11月，秋高气爽，耐克公司趁热打铁，举办了"耐克夜跑10公里"活动，将时尚夜跑活动的热潮持续下去。在活动中，耐克公司巧妙地进行了形象公关，除了无处不在的耐克LOGO，还有诸多耐克公司签约的形象代言人参加了活动。中国体育界巨星刘翔、李娜也以见面会的方式与大家展开温馨互动。时尚夜跑还被贴上了音乐、交友、欢聚等欢乐嘉年华的标签。年轻人十分喜爱这次活动的娱乐性元素，耐克公司再一次巧妙地进行了品牌公关。

此后，耐克公司又深化了时尚夜跑的主题，将范围扩大为时尚运动汇。这种运动汇并不以竞技体育为主，而是以时尚和趣味为主。如耐克篮球冠军锦标赛全国总决赛，更强调运动的娱乐性和表演秀，对抗性并不是比赛的终极目标，让更多的青年人参与进来，体会到运动的魅力，才是耐克公司的活动宗旨。

另外，耐克公司还将超酷的极限运动概念引进运动汇，并将"用运动……"作为耐克运动汇的活动口号，更强调通过积极的生活方式，改变人生和命运。这也和极限运动的精神相契合，极限运动包括跑酷、滑板、极限单车、攀岩、单排直轮等，和竞技体育不同，极限运动更强调娱乐性和参与性，鼓励大家以勇敢的精神挑战自我的生理、心理极限。极限运动在中国开展的时间并不长，耐克公司为优胜者提供到美国最著名的滑板公园参加比赛的机会，让中国的极限运动员体会西方的极限运动文化。

耐克公司还将时尚夜跑运动汇赋予了社会公益色彩，发起了"用运动回馈社会"的行动。鼓励参加夜跑活动的参与者，统计跑步次数和运动成绩，这些数据被折算成相应数量的耐克运动鞋，用以资助贫困山区的孩子。耐克公司还发起了"让我玩"和"跑完全程"活动，不仅是捐款捐物了事，而是让贫困山区的孩子也能真正体会到运动的快乐。这样的活动，也让耐克公司逐渐褪去了"血汗工厂"的标签，极大地提高了公司的公众形象，可谓一举多得。

和创造世界名牌的人

一起放飞梦想

Let the dream fly

第六节　旧的也是好的

> 大地给予所有的人是物质的精华，而最后，它从人们那里得到的回赠却是这些物质的垃圾。
>
> ——惠特曼

在美国的主流媒体眼中，耐克公司曾经是一个"坏小子"形象，代表着叛逆和与众不同的精神。它以低廉的工资，雇佣第三世界的劳工作为代工厂的劳力，然后以高价卖给崇尚个性时尚的年轻人。当时，对耐克公司漫画的画法都是一副贪婪无比的嘴脸，完全是一副不负责任的嬉皮士形象。

耐克公司总裁菲尔·奈特认为，公司已经走上了发展的快车道，如果再强调以往的营销策略，会对公司形象造成不良影响。所以，奈特一直在思考一个问题：一个公司管理的边界到底在哪里，是产品终端吗，是将一双运动鞋交给消费者就是终点吗？奈特的回答是否定的。他认为，将产品交到消费者的手里，恰恰应该是一个企业开始负责任的起点，因为那是服务的开始。这种企业文化精神的转变，给耐克带来了巨大的声誉，也使得耐克公司走上了可持续发展的道路。菲尔·奈特指出，品牌发展与社会责任是耐克公司今后要思考的主要问题，正是凭借这种责任观的转变，耐克公司首次登上了美国十大环保企业的名录。

耐克公司推出了两项活动：一是产品的环保计划，二是设计的回归自然计划。

一直以来，耐克公司的产品定价饱受诟病，很多人认为耐克鞋是高消费的产品。耐克公司决心改变自己在公众中的形象，它们宣布对旧式运动鞋进行回收，经过特殊处理，这些材料变成了运动器材的表面涂层，通过这种再利用的方式，耐克公司改造了几千万件的运动器材。

耐克公司还利用一些剪裁的下脚料制作运动鞋的鞋面，鞋面材料标明为"合成皮革"，鞋底采用了工厂的废旧泡沫，这款运动鞋价格低廉，而且材料环保，深受消费者的喜爱。

此外，耐克公司还利用回收的塑料瓶制作了环保T恤衫。塑料瓶的成分是聚酯材料，如果采用传统的掩埋方式，占地太多，而且不容易降解，耐克公司重新利用了上千万的塑料瓶，避免了近万吨的废弃污染物污染土地。而年轻人也十分喜爱这种环保T恤衫，认为是一种环保时尚理念的象征。

南非足球世界杯上，有九支球队的队服就是用这种环保材料制成的，耐克环保T恤衫通过激情四射的足球盛会，迅速成为新的时尚文化潮流。

耐克公司商业创新副总裁汉娜·琼斯对媒体说："我们发现，单是鞋子材料的浪费一年就高达8亿美元。这些废旧材料

加以科学利用的话，不仅分担了我们的制造成本，更宣传了一种社会环保理念，体现了耐克公司的社会责任感。"

品牌价值是竞争中最有力的武器，企业之间的差异化竞争恰恰来自于一个品牌的价值和精神。耐克公司倡导的"体育、表演、洒脱、自由的运动员精神"，成为大众运动的名言。而"创新、友爱、尊敬"的耐克协作精神，在青少年心中，成为追求时尚与个性的代名词。

汉娜·琼斯重复了耐克公司那句著名的口号："我们卖的不是商品，我们卖的是一种文化，是一种美国精神。"

第七节　借鸡生蛋的奥妙

> 竞争是由于追求富有吸引力的目标，大大超过能够实现目标的人而产生的。这种意识泛指对外界活动所做出的一切积极、奋发、不甘落后的心理反应。竞争能力是人才成长的先决因素。
>
> ——R·A·巴伦

没有什么是不能被超越的。

1928年，阿姆斯特丹奥运会上，当阿迪·达斯勒为运动员专业缝制运动鞋开始，阿迪达斯公司就开始了成功之旅。通过奥运会——这个星球上影响力最大的体育平台，阿迪达斯迅速地成为运动鞋领域的王者，他们的口号响彻世界：一切为了运动员，一切为了好成绩，我们只做最好的运动鞋。

阿迪达斯公司在20世纪六七十年代达到了巅峰状态，稳稳地坐上了世界运动品牌的头把交椅。它是市场的主导品牌，占有市场份额一度高达70%，销售面覆盖全球。这是一个看似永远无法战胜的王者，但是菲尔·奈特打破了这个魔咒，他领导的耐克公司仅仅用了不到10年的时间，就打败了阿迪达斯公司。

菲尔·奈特成功的秘诀是什么呢？那就是绝妙的理念：借力打力、借鸡生蛋，你有你的降魔鞭，我有我的如意棒。

首先是借力打力。阿迪达斯公司强调产品的功能第一，而耐克公司就针对性地提出了用户体验第一。作为行业的领导者，阿迪达斯公司强调自己的优势是科技实验，不断地使用新材料来制造更结实更轻便的鞋。正是因为他们拥有不断创新的科技理念，才创造出尼龙鞋底与可替换鞋钉等创意产品。耐克公司想从产品的角度超越阿迪达斯几乎是不可能的，而耐克公司抓住了差异化的经营理念，将市场的关注重点放到了舒适度和耐穿性上。

正如中国俗语所说，一招鲜，吃遍天。耐克公司的做法很简单，就是阿迪达斯公司强调什么，他就反对什么，以此来吸引大众的注意力。比如，阿迪达斯公司一直强调奥运会的重要

意义。在奥运会上，通过与顶尖运动员的合作扩大自己的品牌知名度，阿迪达斯公司将之命名为金字塔营销策略。他们先是利用技术的优势吸引世界顶级运动员和自己签约，然后通过大幅提高运动员成绩来培养品牌的黏着度，最后通过运动员的示范效应来引导大众的消费。这样的营销策略呈现出逐级递增的现象。

阿迪达斯公司的金字塔营销看似无懈可击，但是耐克公司很快就发现了其中的破绽，因为这只是一种自上而下的营销模式，并不能真正反映大众的消费需求。在休闲运动不普及的20世纪六七十年代，有着无可比拟的优越性，但是随着慢跑运动的兴起，越来越不适应市场的需要了。

耐克公司马上调整了广宣文案，在文案中暗示自己的产品是真正满足现实生活需求的创新产品，而暗示自己的竞争对手不过是金牌战略的赢家，而对最广大的消费群体却置若罔闻。另外，耐克公司将自己的公司定位为体育文化公司，宣传的是科技与人性、情感、文化的关系，强调自己是有着体育热情的公司，而竞争对手不过是冰冷的生产线而已。

耐克公司的第二个举措就是借鸡生蛋。耐克公司审时度势，在新兴的电子商务时代，他们堪称是虚拟经营战略的开创者。现代的虚拟经营，大家都认为是随着计算机和网络的普及而兴起的，实际上，在工业经济时代，耐克公司已经不自觉地使用了这种经营理念。

耐克公司的总裁菲尔·奈特以自己的远见卓识，认识到虚拟经营的优势。起因很简单，因为耐克公司在创业初期，缺少创业资金，而如果依靠传统的进出口方式，将产品出售给其他国家，会遭遇到发展中国家高昂的关税束缚。因为那些缺乏自由贸易规则的国家，往往有着高高的贸易壁垒限制。耐克鞋本身就是高端的运动产品，如果再加上高额赋税，产品就缺乏足够的竞争力，成为一道难解的循环难题。公司要扩大经营，就要有世界化的物流，但是高额的赋税，成为限制耐克公司发展的一道阻碍。

菲尔·奈特为此冥思苦想了很久，却苦无良策。一天，在吃早餐的时候，望着餐桌上的鸡蛋，菲尔·奈特忽然心有所悟：我们如果还像传统企业那样，需要大量的物流和航运支持，这样无疑增加了公司的运营成本，不如借鸡生蛋，利用别国的资源，实现利益的最大化。

于是耐克公司首先在爱尔兰设立了代工厂，就这样轻松地避开了欧洲的高额关税。其后，耐克公司又通过在日本联合设厂，成功地打入了日本市场。想当年，菲尔·奈特的蓝带体育用品公司不过是日本鞋业的代销商，但现在一切都不同了。还是那个菲尔·奈特，但是士别三日当刮目相看。菲尔·奈特的这一次重新杀入，已不再是代理商的身份，而是真正的知识产权的拥有者，再也不用受日本合作者的刁难了。

现在，菲尔·奈特引以为傲的是，耐克公司是一家"没有工厂厂房"的公司。耐克公司只负责产品的设计和推广，只需要他的设计师们设计出更为科学的高附加值的产品图纸，然后将这些设计交给发展中国家的代工厂，利用那里廉价的劳动力和资源，生产出合格的产品，然后统一封上耐克的LOGO。

这样一来，耐克公司成了一家真正的体育文化公司，也应验了菲尔·奈特之前的预言：我们生产的并不是单纯的运动产品，我们输出的是体育文化。耐克本部的员工精干无比，将主要的注意力集中在产品的设计和营销上。耐克品牌，不仅仅是顺应流行文化的体育产品，更成了引导体育文化发展的主要力量。

第八节　以文化的名义

> 宽容就像清凉的甘露，浇灌了干涸的心灵；宽容就像温暖的壁炉，温暖了冰冷麻木的心；宽容就像不熄的火把，点燃了冰山下将要熄灭的火种;宽容就像一只魔笛，把沉睡在黑暗中的人叫醒。
>
> ——雨果

耐克公司得到了飞速发展，而它的竞争对手也没有停止发展的脚步。比如德国的彪马公司就开始了壮士断腕式的改革。1993年，30岁的约翰·才兹成为彪马公司历史上最年轻的董事长。

约翰·才兹认为，正是对流行趋势的预判成就了耐克公司的辉煌，与此同时，对流行趋势缺乏研究让彪马和阿迪达斯公司丧失了先机。

"什么是流行趋势，就是冲浪运动，谁要是在波峰来临之前走在了世界的前列，就会获得成功；但是谁要是走晚了一步，就会阴沟里翻船，成为商业领域的泰坦尼克号。"约翰·才兹对员工说。

约翰·才兹预测怀旧会成为新的流行趋势，于是，他巧妙地推出了经典怀旧款式的网球鞋，并迅速成为市场的新宠。而著名摇滚歌星猫王的一曲《蓝色的Suedes鞋》经过电波的传播，使彪马公司的新产品风靡一时。

针对自己竞争对手咄咄逼人的进攻，耐克公司该用什么方式迎战呢？

菲尔·奈特在分析了形势后，认为彪马公司的重新崛起，表面上看是新款运动鞋的重生，但是深层的内涵是一种文化的胜利。菲尔·奈特认为最好的防守就是进攻，面对对手的进攻，一味地退缩是没有出路的，最好以独特的美国文化来迎接对手的挑战。

菲尔·奈特认为能在欧洲引起追风潮流的，当属球技出神入化的美国篮球，于是他将旗下的NBA巨星组成了访问欧洲的球队，让这些球星来到欧洲的场馆打几场表演赛。在比赛中，这些叱咤风云的巨星穿着有耐克标志的运动鞋，让欧洲观众见识了什么叫篮球和艺术的结合。重要的是，无比生动的体育秀让欧洲人也记住了NIKE运动鞋。

欧洲文化中，讲究严谨的着装风格，格外看重礼仪与仪表，所以将穿旅游鞋和运动鞋看作是失礼的表现。再者，欧洲是高档皮鞋的故乡，自然对胶皮为主要材料的运动鞋不屑一顾，认为那只是廉价的代名词。所以，耐克公司的当务之急，是向欧洲传递、输出不拘一格的美国形象，告诉欧洲大众，繁文缛节那一套礼仪，不过是过时与保守的代名词，新时代的装束，必然是以美国形象为代表的休闲运动专属装备。

通过调研，耐克公司发现，一般的美国青年都有十双左右运动鞋，而保守的欧洲青年不过有两双左右运动鞋。所以，从数字上看，耐克公司将欧洲市场作为新的增长点是一个极具战略眼光的决策。果然，经过不懈的市场培育，耐克公司在欧洲市场的营业额也节节攀升，在20世纪90年代初达到了惊人的6倍增长。

同时，耐克公司的设计专家，还聘请了心理学家和文化人类学学者，来帮助公司设计产品，他们做出了很多看似匪夷所思但是很有效果的小革新。比如，欧洲文化中，法国的青少年个性张扬，喜欢标榜自我的个性。于是，耐克公司在向法国人出售产品的时候，在鞋面上绣上了鞋的价格，这个看起来不可思议的设计，竟然深受法国青少年的欢迎，因为这样他们就不必再费口舌，向同伴们炫耀自己的富有和品位。

而针对不同年龄段的消费者，耐克公司经过调研，也推出了相应的产品，在二三十岁年龄段，喜欢成熟稳重的色调，于是他们将运动鞋设计为白色和黑色等纯色色系；而20岁以下的少年，喜欢张扬的个性，于是将他们的运动鞋设计为五彩斑斓的样式，甚至鼓励他们寄来个人的涂鸦产品，一旦采用，则给予丰厚的回报。

耐克公司感到真正棘手的，是如何向世界各地不同文化传统的人宣传耐克的文化精神。虽然菲尔·奈特将耐克公司的文化精神总结为一句话——体育与个性，自由与生命的完美结合，但是，如何将这些信息准确地传递给当地的消费者，仍然不是一件容易的事情。

比如，如何翻译耐克公司著名的广告语"Just do it"就成了一个难题。因为在不同的文化领域，对这句话有着不同的解读。比如耐克的日本分公司，想将这句话翻译为日文，但是被奈特制止了。奈特认为，日本文化中，比较强调含蓄而节制的美，如果将这句话翻译为现在就去做，就会让日本人觉得这是一个不伦不类的口号，并没有什么美感可言。

菲尔·奈特对日本分公司的经理说："我并不想向日本人掩盖一个事实，我们耐克公司是一家美国公司，掩盖虽然会获得短暂的成功，但是长久以往，会让大家觉得我们不够诚实。所以，把这句话用英文写出来就可以了。我们卖的不光是产品，还有我们的美国文化。"

一个产品的竞争，说到底是文化观念的竞争，如果你在文化选择上游移不定，就不会让你的消费者了解你的文化内涵；反过来说，如果能坚定不移地宣传一种文化理念，或许早期的消费者不会适应，但是坚持不懈的话，早晚会有开花结果的那天。

事实再一次证明菲尔·奈特是英明的。在更加强调礼仪和着装的日本，工作之余，穿上耐克鞋进行休闲运动，已经成为新的时尚，或许，这就是菲尔·奈特的胜利，也是文化观念的胜利。

第九节　耐克的中国情结

> 要有自信，然后全力以赴；假如具有这种观念，任何事情十之八九都能成功。
>
> ——威尔逊

耐克在20世纪80年代初进入中国，最初只是在北京设立了一个生产代表处。但随着中国改革开放的深化，耐克公司敏锐地发现了古老的中国大地的商机，他们与中国企业的合作也日益紧密。

耐克公司的全球化视野一直秉承着人才、技术、销售本土化的理念，迅速融入到了博大精深的中华文化中，并成为中国青少年的时尚新宠。

耐克公司针对中国市场的特点，调整了产品的性能和属性。比如，针对中国市场的购买力不够强大的特点，推出了多功能、重时尚的春秋运动衫，新面料采用了独特的超细纤维层，具有防水和透气的双重特点。又如，耐克不失时机地推出了"小耐克"亲子装，营造一种家庭的温馨场景，以及以家庭为单位的运动风潮。从此，耐克的产品迅速地赢得了各个年龄段的运动消费市场，成为中国最受欢迎的国际运动品牌之一。

不过，耐克公司在中国也曾有过策划失误的案例。

2004年，耐克公司的圣诞营销季，主角是"篮球皇帝"勒布朗·詹姆斯。不过，这一次詹姆斯并没有来到他最熟悉的篮球赛场，而是化身为一个自我反思的思想者，在一个封闭的环境下，独自面对生活中的各种困境。

作为一个青少年的偶像，勒布朗·詹姆斯力图通过自己的"密室独白"向自己的粉丝们袒露作为一个正常人的喜怒哀乐。这则广告没有篮球场上的滑步与过人，更没有威力四射的大力扣篮，而是几段独具匠心的内心独白。

在成长的过程中，每个人都要学会直面困难，人生中只有战胜了心中的恐惧，才会发现人生的真谛，就是保持一个健康向上的心态。

场景一：身材窈窕的美女、大把的金钱，还有亮晶晶的钻石，这些物象都是诱惑的象征。当这些诱惑飘浮在空中的时候，意味着詹姆斯要看清眼前的利益，不过是空中的幻象，于是，他坚定地跨步上篮，将这些如幻如电的诱惑击得粉碎。

场景二：因为詹姆斯名声在外，关于他的传闻也成为人们

街谈巷议的对象。甚至有人对他说："算了，我的兄弟，你是不会赢的。"不过詹姆斯战胜了因为妒忌而引发的流言，终于赢得了胜利。

场景三：詹姆斯排除了各种干扰，终于走出了心理的阴影，不过他还要过最后一关，詹姆斯要和动画版的詹姆斯来一次对决，暗示着詹姆斯已经进入了一个全新的境界，哪怕对手是幻想中的自己，仍然要迎上去，战胜自我。

广告的策划者约翰·杰说："耐克公司的初衷是，人总是要在困境中成长，其中，最重要的恐惧是对自我的怀疑，如果你战胜了这种恐惧，你就走向了成熟。"

而勒布朗·詹姆斯对自己的表现很满意，他说："事实上，我也从耐克的创意中学到了很多，要做到最好，就必须专心致志。压力也有两面性，它可以摧毁一个懦夫，但是你如果迎上前去，你就会发现，它会让你成长，所以，从这个角度讲，我爱它们。"

广告创意立意无可厚非，传递的是人生的正能量，但是在中国，却遭遇了一片反对之声，很多网友无法接受有中国元素的事物是作为阻碍的力量出现的，这则短短一分多钟的商业广告，引发了一场关于民族化与全球化的讨论。

耐克公司马上接受了网络媒体的意见，停播广告，而且做出澄清和说明："如果对中国人的感情带来了伤害，我们应该做出真诚的道歉，金钱都是次要的，因为真正的输赢并不在广告之中，而在于产品的品质。"

从此，耐克公司更加注重对中国传统文化的学习和尊重，正如耐克那句著名的广告语"Just do it"，在博大精深的汉语表达中，可以有多重含义："现在就选择""马上去做""试试，然后坚持"等。耐克公司的体育文化精神，并不是一成不变地循规蹈矩，而是顺应文化潮流，超越自我，永不止步。

结　语

如果将耐克公司比作一个人的话，最恰当的形容词应该是：追求酷文化的叛逆小子。

在美国俄勒冈州的耐克公司总部，四周青翠的树木环绕，与其说这是一间具有世界影响力的公司总部，倒不如说这是一个校园的体育场，在丛林掩映下，有鹅卵石铺就的慢跑小路，有清可见底的湖泊，有绿草茵茵的足球场……

耐克公司的总部又被称为"耐克校园"，总部大楼都以杰出的运动员名字命名，比如迈克尔·乔丹大厦等。大厦内部的墙壁上画着和运动有关的涂鸦，以及耐克历年的海报招贴画，俨然是一所大学学生宿舍墙壁的设计风格。公司规定，员工们都不许吸烟，鼓励大家多做有氧运动，在总部的各个角落，散落着运动自行车和溜冰鞋、滑板。各个部门的联系，全靠这些运动装备。

而且公司规定，员工午休时间必须做两个小时的运动。可以说，耐克公司不仅仅设计运动产品，而且能做到知行合一，从公司内部开始，弘扬伟大的运动精神。

耐克公司的文化精神就是洒脱自由的运动精神。这个文化理念与传统的公司文化迥异，并不以追求利润的最大化为公司文化理念。作为耐克公司的领军人物，菲尔·奈特并不想让自己的员工做循规蹈矩的上班族，也不想让他们成为朝九晚五的蚁族。而是想让每一个耐克的员工成为富于冒险精神的开拓者。他在公司内部总是鼓励员工之间竞争、对抗。他甚至规定，在公司的内部会议上，每个人都可以随时高声提出反对意见，甚至在自己发言的时候也不例外。

"我们的公司，就像一群疯狂的家伙的大聚会，每个人都有自己独特的个性，每个人都允许别人有独特的个性，我们公司每半年举办的总公司会议，就像是嬉皮士的聚会，每个人手里都端着酒杯，在草地上席地而坐，大声喧哗、高谈阔论。谈论的中心话题可能是昨晚刚举行的一场篮球比赛。"一位耐克公司的员工说。

菲尔·奈特也像一名普通员工一样，穿着洗得发白的牛仔裤，与员工分享自己的运动心得，同时也讨论一下未来的运动流行趋势。这样做的结果正如菲尔·奈特所希望的那样，耐克公司充满了温情。

不仅如此，耐克公司在选择产品形象代言人方面也显现出和竞争对手们不同的旨趣。比如，耐克的代言人往往是特立独行的个性巨星，比如网球巨星麦肯罗，在网球界人称坏小子，他个性十足，脾气暴躁，经常冲到网球边界和裁判高声理论，也经常在落后的时候摔拍子，以宣泄对自己的不满。

再比如网球巨星阿加西，也曾经是一个不折不扣的叛逆者，他经常不修边幅地出现在赛场上，甚至将一条牛仔裤剪短为运动短裤，这种创意也被耐克公司所用。毫无疑问，这也迅速地成为全世界青少年争相效仿的着装流行趋势，给耐克公司带来了丰厚的利润。这样一来，耐克鞋就不仅仅是一双普通的运动鞋，而是一种文化观念的象征。意味着独立、自由和叛逆。

1984年初，耐克公司做出了一个石破天惊的决定，他们和当时还名不见经传的篮球运动员迈克尔·乔丹签订了一份合作合同。迈克尔·乔丹作为耐克公司的形象代言人，不仅获得了五年的合约，还得到了价值不菲的耐克公司股票。

当时很多人对菲尔·奈特的决定感到匪夷所思，因为那时候的迈克尔·乔丹还只是个毛头小子，他的影响力不一定能给耐克公司带来多少利润。风物长宜放眼量，伟大和平庸就在这里显示出差距。在争议中，菲尔·奈特显现出一个战略家的高瞻远瞩，他认为，迈克尔·乔丹的身上蕴藏着无尽的宝藏，因为他代表着体育精神的精髓：永不服输的竞争意识，永争第一的勇敢信念，永远向前的生命活力。

果然，凭借着飞人迈克尔·乔丹的影响力，耐克公司成功地生产和销售了乔丹牌的运动产品，如运动鞋、运动衣等，而第一年的销售额就高达一亿美元。至此大家才对总裁的远见卓识感到敬佩有加。

当然，果子成熟的过程是要经历风雨的。就在迈克尔·乔丹在赛场上第一次穿耐克运动鞋的时候，他遭到了NBA联盟的封杀，因为篮球联盟有自己统一的运动装备赞助商。眼看着在乔丹身上投入的巨资就要付之东流，销售总监为此一筹莫展，总裁菲尔·奈特召开了高管会议。

"这是一个天赐良机，朋友们，我们的好机会来了。"菲尔·奈特一反常态，笑容可掬地说。

正当大家都在疑惑不解的时候，菲尔·奈特说出了自己的想法："联盟禁止乔丹穿上充满自我个性的运动鞋，我们可以作为一次危机公关案例，来进行危机公关。只要能上媒体的头条，还有比这更便宜的免费广告宣传吗？"

果然，事情的发展完全应验了菲尔·奈特的预测，经过与篮球联盟的几番较量，耐克公司最终赢得了胜利。

可是，英雄也有迟暮的时候，当20世纪末，"空中飞人"迈克尔·乔丹隐退之后，耐克公司的影响力也大受影响，营业额不再快速增长，而是变得增长乏力。

菲尔·奈特向员工们坦率地承认了自己的过失：

"显然，将所有的鸡蛋放到一个篮子里，是一个低级错误，我们曾经拥有这个星球上最伟大的飞人，但是，当飞人不再飞翔的时候，我们要寻求一种变化。我们公司的文化理念，也要从追求个性的酷文化，转变为新的流行文化的引导者。我们曾经飞翔过，还要做游得最快的、跳得最高的、跑得最快的……"

菲尔·奈特说到做到，他将耐克公司重新定义为一个文化领导者，而不是一个文化规则的破坏者。从20世纪90年代开始，耐克公司先后收购了多个时尚品牌，不是固守着篮球运

动，而是将研发领域延伸向高尔夫球、足球等领域。

而后，耐克公司斥资4.5亿美元，赢得了欧洲王者曼联队的运动服饰赞助权，菲尔·奈特将之称为继飞人迈克尔·乔丹之后的二次创业，因为足球号称"地球上的第一运动"。这次战略投资也带来了丰厚的回报，2004年，耐克公司的营业额突破了100亿美元，达到了事业的巅峰。

曾经有记者问菲尔·奈特：

"您认为这辈子所能想到的最糟糕的事情是什么？"

菲尔·奈特想了想，然后认真地回答道：

"如果说真有最糟糕的事情的话，我觉得应该是这样的场景，如果有一天我抱着孙子玩，和孙子讲以前的创业故事，这时候孙子突然问我——'耐克是什么'。"

不知道多久的将来以后有人会问出"耐克是什么"，我们只知道从耐克走进我们的生活起，我们就知道"耐克是什么"，一直都知道。